Utilize este código QR para se cadastrar de forma mais rápida:

Ou, se preferir, entre em:
www.moderna.com.br/ac/livroportal
e siga as instruções para ter acesso
aos conteúdos exclusivos do
Portal e Livro Digital

CÓDIGO DE ACESSO:

A 00427 BUPMATE1E 1 41778

Faça apenas um cadastro. Ele será válido para:

6612112516 BURITI PLUS MAT 1 LA_1137

Da semente ao livro,
sustentabilidade por todo o caminho

Plantar florestas

A madeira que serve de matéria-prima para nosso papel vem de plantio renovável, ou seja, não é fruto de desmatamento. Essa prática gera milhares de empregos para agricultores e ajuda a recuperar áreas ambientais degradadas.

Fabricar papel e imprimir livros

Toda a cadeia produtiva do papel, desde a produção de celulose até a encadernação do livro, é certificada, cumprindo padrões internacionais de processamento sustentável e boas práticas ambientais.

Criar conteúdos

Os profissionais envolvidos na elaboração de nossas soluções educacionais buscam uma educação para a vida pautada por curadoria editorial, diversidade de olhares e responsabilidade socioambiental.

Construir projetos de vida

Oferecer uma solução educacional Moderna é um ato de comprometimento com o futuro das novas gerações, possibilitando uma relação de parceria entre escolas e famílias na missão de educar!

Taciro Comunicação, Alexandre Santana e Estúdio Pingado

Fotografe o Código QR e conheça melhor esse caminho.
Saiba mais em *moderna.com.br/sustentavel*

BURITI Plus MATEMÁTICA 1

Organizadora: Editora Moderna

Obra coletiva concebida, desenvolvida e produzida pela Editora Moderna.

Editor Executivo:

Fabio Martins de Leonardo

DE ACORDO COM A BNCC

Acompanha este livro:
- **Envelope com jogos e material de apoio**

NOME: ....

....TURMA: ....

ESCOLA: ....

....

1ª edição

MODERNA

© Editora Moderna, 2018

Carolina Maria Toledo
Licenciada em Matemática pela Universidade de São Paulo. Editora.

Daniela Santo Ambrosio
Licenciada em Matemática pela Universidade de São Paulo. Editora.

Débora Pacheco
Mestre em Educação Matemática pela Pontifícia Universidade Católica de São Paulo. Educadora.

Diana Maia
Mestre em Educação Matemática pela Pontifícia Universidade Católica de São Paulo. Editora.

Mara Regina Garcia Gay
Bacharel e licenciada em Matemática pela Pontifícia Universidade Católica de São Paulo. Editora.

Maria Aparecida Costa Bravo
Bacharel e licenciada em Matemática pela Pontifícia Universidade Católica de São Paulo. Editora.

Maria Solange da Silva
Mestre em Educação Matemática pela Universidade Santa Úrsula.

Patricia Furtado
Bacharel e licenciada em Matemática pela Pontifícia Universidade Católica de São Paulo e mestre em Ensino da Matemática pela Pontifícia Universidade Católica de São Paulo. Editora.

Renata Martins Fortes Gonçalves
Bacharel em Matemática com Informática pelo Centro Universitário Fundação Santo André, especializada em Gerenciamento de Projetos (MBA) pela Fundação Getulio Vargas e mestre em Educação Matemática pela Pontifícia Universidade Católica de São Paulo. Editora.

Thaís Bueno de Moura
Licenciada em Matemática pela Universidade de São Paulo. Editora.

Jogo de apresentação das *7 atitudes para a vida*
Gustavo Barreto
Formado em Direito pela Pontifícia Universidade Católica (SP). Pós-graduado em Direito Civil pela mesma instituição. Autor dos jogos de tabuleiro (*boardgames*) para o público infantojuvenil: Aero, Tinco, Dark City e Curupaco.

Coordenação editorial: Marisa Martins Sanchez, Carolina Maria Toledo
Edição de texto: Carolina Maria Toledo, Renata Martins Fortes Gonçalves
Assistência editorial: Kátia Tiemy Sido
Gerência de *design* e produção gráfica: Everson de Paula
Coordenação de produção: Patricia Costa
Suporte administrativo editorial: Maria de Lourdes Rodrigues
Coordenação de *design* e projetos visuais: Marta Cerqueira Leite
Projeto gráfico: Daniel Messias, Daniela Sato, Mariza de Souza Porto
Capa: Daniel Messias, Cristiane Calegaro
　Ilustração: Raul Aguiar
Coordenação de arte: Wilson Gazzoni Agostinho
Edição de arte: Estúdio Anexo
Editoração eletrônica: Estúdio Anexo
Ilustrações de vinhetas: Ana Carolina Orsolin, Daniel Messias
Coordenação de revisão: Elaine C. del Nero
Revisão: Ana Cortazzo, Ana Paula Felippe, Dirce Y. Yamamoto, Nair H. Kayo, Renata Brabo, Salete Brentan, Sandra G. Cortés, Tatiana Malheiro
Coordenação de pesquisa iconográfica: Luciano Baneza Gabarron
Pesquisa iconográfica: Carol Böck, Maria Marques, Mariana Alencar
Coordenação de *bureau*: Rubens M. Rodrigues
Tratamento de imagens: Joel Aparecido, Luiz Carlos Costa, Marina M. Buzzinaro
Pré-impressão: Alexandre Petreca, Everton L. de Oliveira, Marcio H. Kamoto, Vitória Sousa
Coordenação de produção industrial: Wendell Monteiro
Impressão e acabamento: Ricargraf
Lote: 768.566
Cod: 12112516

Dados Internacionais de Catalogação na Publicação (CIP)
(Câmara Brasileira do Livro, SP, Brasil)

Buriti Plus : Matemática / organizadora Editora Moderna ; obra coletiva concebida, desenvolvida e produzida pela Editora Moderna. — 1. ed. — São Paulo : Moderna, 2018. — (Projeto Buriti)

Obra em 5 v. para alunos do 1º ao 5º ano.

1. Matemática (Ensino fundamental) I. Série.

18-16350   CDD-372.7

Índices para catálogo sistemático:
1. Matemática : Ensino fundamental   372.7

Maria Alice Ferreira – Bibliotecária – CRB-8/7964

ISBN 978-85-16-11251-6 (LA)
ISBN 978-85-16-11252-3 (GR)

EDITORA MODERNA LTDA.
Rua Padre Adelino, 758 – Belenzinho
São Paulo – SP – Brasil – CEP 03303-904
Vendas e Atendimento: Tel. (0_ _11) 2602-5510
Fax (0_ _11) 2790-1501
www.moderna.com.br
2022
Impresso no Brasil

1 3 5 7 9 10 8 6 4 2

QUE TAL COMEÇAR O ANO CONHECENDO SEU LIVRO?

VEJA NAS PÁGINAS 6 A 9 COMO ELE ESTÁ ORGANIZADO.
NAS PÁGINAS 10 E 11, VOCÊ FICA SABENDO OS ASSUNTOS
QUE VAI ESTUDAR.
NESTE ANO, TAMBÉM VAI CONHECER E COLOCAR EM AÇÃO
ALGUMAS ATITUDES QUE AJUDARÃO VOCÊ A CONVIVER MELHOR
COM AS PESSOAS E A SOLUCIONAR PROBLEMAS.

7 ATITUDES PARA A VIDA

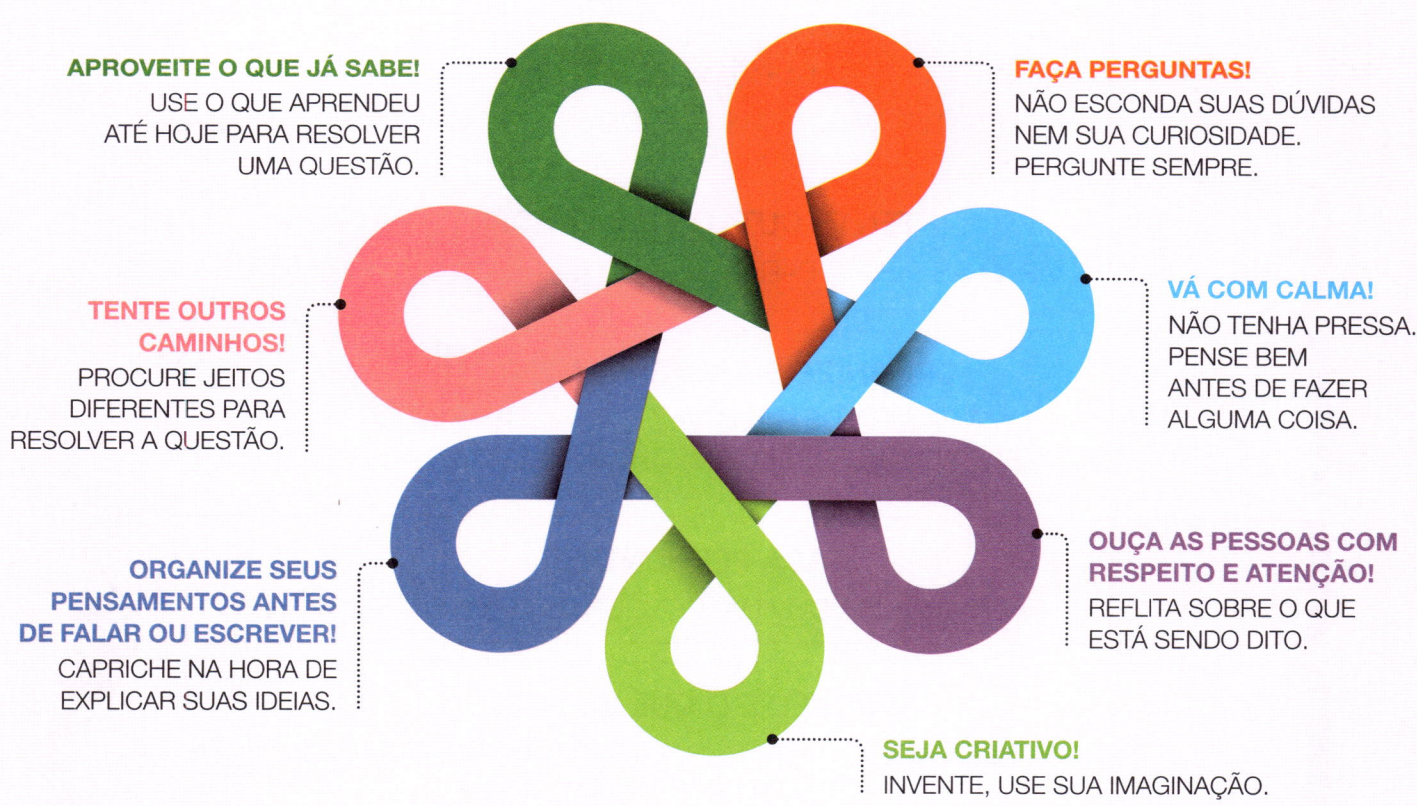

APROVEITE O QUE JÁ SABE!
USE O QUE APRENDEU ATÉ HOJE PARA RESOLVER UMA QUESTÃO.

FAÇA PERGUNTAS!
NÃO ESCONDA SUAS DÚVIDAS NEM SUA CURIOSIDADE. PERGUNTE SEMPRE.

TENTE OUTROS CAMINHOS!
PROCURE JEITOS DIFERENTES PARA RESOLVER A QUESTÃO.

VÁ COM CALMA!
NÃO TENHA PRESSA. PENSE BEM ANTES DE FAZER ALGUMA COISA.

ORGANIZE SEUS PENSAMENTOS ANTES DE FALAR OU ESCREVER!
CAPRICHE NA HORA DE EXPLICAR SUAS IDEIAS.

OUÇA AS PESSOAS COM RESPEITO E ATENÇÃO!
REFLITA SOBRE O QUE ESTÁ SENDO DITO.

SEJA CRIATIVO!
INVENTE, USE SUA IMAGINAÇÃO.

NAS PÁGINAS 4 E 5, HÁ UM JOGO PARA VOCÊ COMEÇAR A PRATICAR
CADA UMA DESSAS ATITUDES. DIVIRTA-SE!

QUEBRA-CABEÇA

1. DESTAQUE AS PEÇAS PRETAS DA FICHA 1.

2. CUBRA CADA FIGURA DA PÁGINA AO LADO COM UMA PEÇA PRETA DE ACORDO COM ESTAS REGRAS:

   ✔ NA FIGURA 1, DEVE APARECER APENAS O NÚMERO 2.

   ✔ NA FIGURA 2, DEVE APARECER APENAS O NÚMERO 6.

   ✔ NA FIGURA 3, DEVE APARECER APENAS O NÚMERO 7.

   ✔ NA FIGURA 4, DEVE APARECER APENAS O NÚMERO 3.

3. DEPOIS DE COBRIR TODAS AS FIGURAS, O PROFESSOR VAI ORIENTÁ-LO NA CRIAÇÃO DE UM NOVO QUEBRA-CABEÇA. QUE TAL DESAFIAR OS COLEGAS?

FIQUE ATENTO A ESTAS ATITUDES

OUÇA AS PESSOAS COM RESPEITO E ATENÇÃO!

PRESTE BASTANTE ATENÇÃO NAS EXPLICAÇÕES DO PROFESSOR E OUÇA AS DÚVIDAS DOS COLEGAS. ELAS VÃO AJUDÁ-LO A COMPREENDER AS REGRAS.

VÁ COM CALMA!

OBSERVE BEM O FORMATO DAS PEÇAS E ONDE ESTÃO OS NÚMEROS INDICADOS.

TENTE OUTROS CAMINHOS!

EXPERIMENTE VIRAR AS PEÇAS PARA UM LADO E PARA O OUTRO. NÃO DESISTA!

ORGANIZE SEUS PENSAMENTOS!

OBSERVE UMA FIGURA DE CADA VEZ E ANALISE AS PEÇAS PRETAS COM ATENÇÃO ANTES DE COMEÇAR A COLOCAR AS PEÇAS.

FAÇA PERGUNTAS!

SE TIVER ALGUMA DÚVIDA, PERGUNTE AO PROFESSOR.

APROVEITE O QUE JÁ SABE!

DEPOIS QUE VOCÊ ENCONTRAR A PEÇA DA PRIMEIRA FIGURA, AS PRÓXIMAS SERÃO MAIS FÁCEIS.

SEJA CRIATIVO!

CRIE A SUA FIGURA E UMA PEÇA PARA COBRI-LA DO MODO QUE QUISER UTILIZANDO A FICHA 2. DESAFIE SEUS COLEGAS!

1

1	2	2
7	2	4
5	5	3

2

6	0	9
7	4	8
9	5	6

3

7	8	1
7	4	7
1	5	1

4

8	3	0
6	2	6
8	3	9

OLÁ, NÓS SOMOS PERSONAGENS DESTE LIVRO. MEU NOME É GUILHERME.

MEU NOME É LETÍCIA.

ESTE LIVRO ESTÁ ORGANIZADO EM 8 UNIDADES. ESTAREMOS COM VOCÊ EM TODAS AS ABERTURAS DAS UNIDADES.

EM CADA ABERTURA, ESTAREMOS ESCONDIDOS EM ALGUM LUGAR DIFERENTE. VAI SER MUITO DIVERTIDO NOS ACHAR! VOCÊ VAI CONSEGUIR!

ABERTURA DA UNIDADE
IMAGENS COM DETALHES DE LINDAS CENAS E COM PERSONAGENS PARA VOCÊ ACHAR.

VEJA O QUE MAIS VOCÊ VAI ENCONTRAR NESTE LIVRO.

ILUSTRAÇÕES: ARTUR FUJITA

> VAMOS APRENDER BASTANTE COM TODAS AS SEÇÕES!

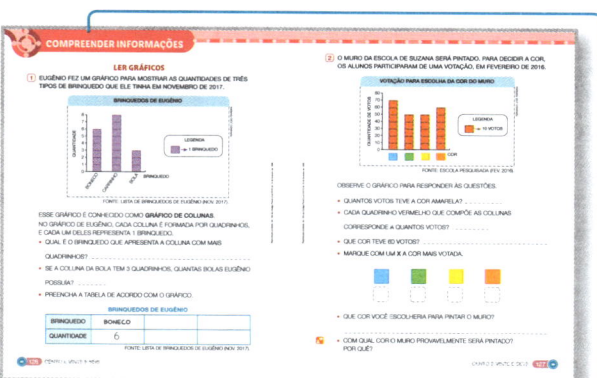

COMPREENDER INFORMAÇÕES
VOCÊ VAI APRENDER, ENTRE OUTRAS COISAS, A LER TABELAS E GRÁFICOS!

A MATEMÁTICA ME AJUDA A SER...
NESTA SEÇÃO, A MATEMÁTICA LEVARÁ VOCÊ A REFLETIR SOBRE ASSUNTOS QUE CONTRIBUIRÃO PARA SUA FORMAÇÃO CIDADÃ.

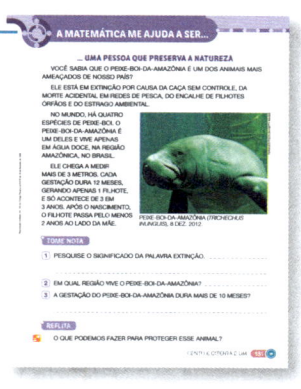

> JOGOS!

VAMOS JOGAR?
CONHECER MUITOS JOGOS E SABER COMO JOGÁ-LOS TORNA A APRENDIZAGEM DA MATEMÁTICA MAIS FÁCIL E DIVERTIDA.

> ESSAS ATIVIDADES SÃO INCRÍVEIS!

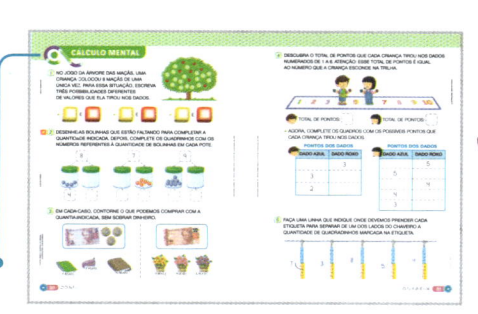

CÁLCULO MENTAL
ATIVIDADES PARA VOCÊ DESENVOLVER HABILIDADES DE CÁLCULO.

O QUE VOCÊ APRENDEU
NESTA SEÇÃO, VOCÊ VAI VERIFICAR O QUE APRENDEU NA UNIDADE E RESOLVER UM **QUEBRA-CUCA** DESAFIADOR.

> PODEMOS REVISAR OS ESTUDOS!

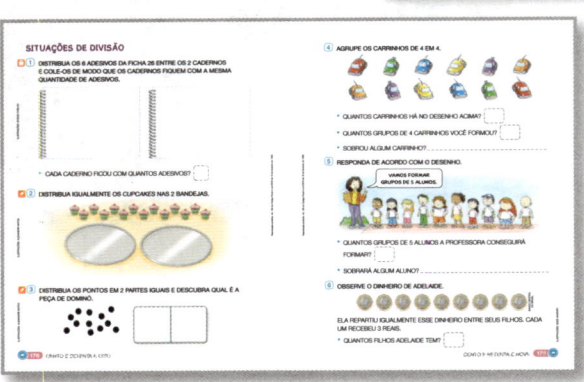

TABULEIROS
PARA OS JOGOS.

NO ENVELOPE VOCÊ ENCONTRA MATERIAL PARA OS JOGOS, FICHAS E ADESIVOS PARA AS ATIVIDADES.

FICHAS E ADESIVOS
PARA OS JOGOS E AS ATIVIDADES.

ÍCONES UTILIZADOS

INDICAM COMO REALIZAR ALGUMAS ATIVIDADES:

ORAL

DUPLA

GRUPO

DESENHO OU PINTURA

MATERIAL COMPLEMENTAR

CÁLCULO MENTAL

CADERNO

PARA JOGAR MUITAS VEZES

INDICA AS 7 ATITUDES PARA A VIDA:

INDICA OBJETO DIGITAL:

VOCÊ VAI GOSTAR DE ESTUDAR COM ESTE LIVRO.

BONS ESTUDOS!

ILUSTRAÇÕES: ARTUR FUJITA

SUMÁRIO

UNIDADE 1 — VAMOS COMEÇAR — 12

TEMA 1 • POSICIONAMENTO
NA FRENTE, ATRÁS, ENTRE 14
DIREITA E ESQUERDA 16
EM CIMA E EMBAIXO 18
LOCALIZAÇÃO 19
TEMA 2 • COMPARAÇÕES
COMPARAR QUANTIDADES 20
SÍMBOLOS E CÓDIGOS 22
A MATEMÁTICA ME AJUDA A SER... 23
VAMOS JOGAR? 24
COMPARAR PARA DESCOBRIR 26
ORGANIZAÇÃO 28
CÁLCULO MENTAL 29
COMPREENDER INFORMAÇÕES 30
O QUE VOCÊ APRENDEU 32

UNIDADE 2 — VAMOS CONTAR — 34

TEMA 1 • CONTAGEM E REPRESENTAÇÃO
DE QUANTIDADES
NÚMEROS ATÉ 10 36
SEQUÊNCIAS 40
DEZ UNIDADES OU UMA DEZENA 41
NÚMEROS ATÉ 20 42
VAMOS JOGAR? 44
USANDO O DINHEIRO 46
NÚMEROS ATÉ 31 48
TEMA 2 • COMPARAR E ORDENAR
COMPARAÇÕES 50
NÚMEROS NA FORMA ORDINAL 51
CÁLCULO MENTAL 53
COMPREENDER INFORMAÇÕES 54
O QUE VOCÊ APRENDEU 56

UNIDADE 3 — VAMOS ADICIONAR E SUBTRAIR — 58

TEMA 1 • ADIÇÃO
ADIÇÃO COM NÚMEROS ATÉ 10 60
MAIS ADIÇÕES 63
A MATEMÁTICA ME AJUDA A SER... 65
VAMOS JOGAR? 66
TEMA 2 • SUBTRAÇÃO
SUBTRAÇÃO COM NÚMEROS ATÉ 10 68
MAIS SUBTRAÇÕES 70
TEMA 3 • AS DUAS OPERAÇÕES
ADIÇÃO E SUBTRAÇÃO 74
PROBLEMAS COM ADIÇÃO
E SUBTRAÇÃO 75
COMPREENDER INFORMAÇÕES 78
CÁLCULO MENTAL 80
O QUE VOCÊ APRENDEU 82

UNIDADE 4 — GEOMETRIA — 84

TEMA 1 • FIGURAS GEOMÉTRICAS
OBJETOS QUE LEMBRAM FIGURAS
GEOMÉTRICAS 86
VAMOS JOGAR? 88
FIGURAS GEOMÉTRICAS NÃO PLANAS 90
FIGURAS GEOMÉTRICAS PLANAS 93
FIGURAS PLANAS E ARTE 96
TANGRAM 98
TEMA 2 • LOCALIZAÇÃO E DESLOCAMENTO
LOCALIZAÇÃO 100
DESLOCAMENTO 102
CÁLCULO MENTAL 103
COMPREENDER INFORMAÇÕES 104
O QUE VOCÊ APRENDEU 106

VAMOS APRENDER E NOS DIVERTIR COM AS ATIVIDADES E OS JOGOS!

CLAUDIO CHIYO

UNIDADE 5 — VAMOS CONTAR MAIS 108

TEMA 1 • APRENDENDO MAIS NÚMEROS
NÚMEROS 110
⦿ VAMOS JOGAR? 114
DE 10 EM 10 ATÉ 100 116
TEMA 2 • NÚMEROS NO COTIDIANO
ANALISANDO E CALCULANDO 120
⦿ A MATEMÁTICA ME AJUDA A SER... ... 125
⦿ COMPREENDER INFORMAÇÕES 126
⦿ CÁLCULO MENTAL 128
⦿ O QUE VOCÊ APRENDEU 130

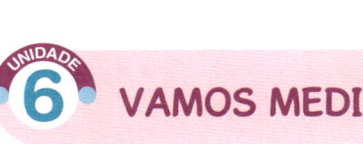
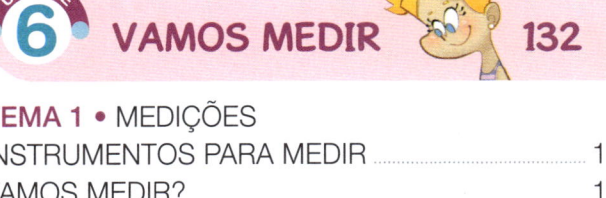

CLAUDIO CHIYO

UNIDADE 6 — VAMOS MEDIR 132

TEMA 1 • MEDIÇÕES
INSTRUMENTOS PARA MEDIR 134
VAMOS MEDIR? 136
⦿ VAMOS JOGAR? 138
TEMA 2 • MEDIDAS DE COMPRIMENTO
COMPARANDO COMPRIMENTOS 140
O CENTÍMETRO 142
O METRO 143
TEMA 3 • MEDIDAS DE MASSA
E MEDIDAS DE CAPACIDADE
COMPARANDO MASSAS 144
COMPARANDO CAPACIDADES 145
TEMA 4 • MEDIDAS DE TEMPO
MEDINDO TEMPO 146
ANO, MÊS, SEMANA E DIA 148
RELÓGIOS 151
TEMA 5 • CÉDULAS E MOEDAS DO BRASIL
O REAL 152
⦿ COMPREENDER INFORMAÇÕES 154
⦿ CÁLCULO MENTAL 156
⦿ O QUE VOCÊ APRENDEU 158

UNIDADE 7 — OPERAÇÕES COM NÚMEROS NATURAIS 160

TEMA 1 • ADIÇÃO E SUBTRAÇÃO
SITUAÇÕES DE ADIÇÃO 162
SITUAÇÕES DE SUBTRAÇÃO 167
⦿ VAMOS JOGAR? 172
TEMA 2 • MULTIPLICAÇÃO E DIVISÃO
SITUAÇÕES DE MULTIPLICAÇÃO 174
DOBRO 177
SITUAÇÕES DE DIVISÃO 178
METADE 180
⦿ A MATEMÁTICA ME AJUDA A SER... ... 181
⦿ COMPREENDER INFORMAÇÕES 182
⦿ CÁLCULO MENTAL 184
⦿ O QUE VOCÊ APRENDEU 186

UNIDADE 8 — AMPLIANDO 188

TEMA 1 • NÚMEROS
FORMANDO NÚMEROS 190
⦿ VAMOS JOGAR? 192
TEMA 2 • GEOMETRIA
QUAL É A MINHA POSIÇÃO? 194
FIGURAS GEOMÉTRICAS 196
TEMA 3 • GRANDEZAS E MEDIDAS
MEDIDAS DE TEMPO 197
OUTRAS MEDIDAS 198
TEMA 4 • ÁLGEBRA
PADRÕES 199
PROBLEMAS 201
⦿ COMPREENDER INFORMAÇÕES 202
⦿ CÁLCULO MENTAL 204
⦿ O QUE VOCÊ APRENDEU 206

JOSÉ LUIS JUHAS

FOTO (CENÁRIO): NICK VEDROS/GETTY IMAGES/PERSONAGENS: ARTUR FUJITA

INÍCIO

1 2 3 4 5 6 7 8 9 10 FIM

POSICIONAMENTO

NA FRENTE, ATRÁS, ENTRE

1 OBSERVE ESTES ALUNOS NA AULA DE EDUCAÇÃO FÍSICA.

RICARDO   MARCELA   VANESSA   CAIO   BRUNO

AGORA, IMAGINE QUE VOCÊ ESTEJA NA MESMA POSIÇÃO EM QUE CAIO ESTÁ E FAÇA O QUE SE PEDE.

• CONTORNE QUEM ESTÁ NA SUA FRENTE.

• MARQUE COM UM **X** A CRIANÇA QUE ESTÁ IMEDIATAMENTE ATRÁS DE VOCÊ.

• MARQUE COM UM ● A CRIANÇA QUE ESTÁ ENTRE MARCELA E VOCÊ.

2 DESENHE UMA BOLA ENTRE CARLA E EDUARDO.

CARLA   EDUARDO

3 OBSERVE ESTAS CRIANÇAS.

• QUEM ESTÁ NA FRENTE DA PLACA? MARQUE COM UM **X**.

• QUEM ESTÁ ATRÁS DA PLACA? MARQUE COM UM **X**.

4 LEIA AS DICAS E MARQUE COM UM **X** O QUADRINHO ABAIXO DA PESSOA DE QUEM ESTAMOS FALANDO.

> **DICAS**
> • A PESSOA ESTÁ ENTRE A MOÇA DE BLUSA VERMELHA E O HOMEM DE BERMUDA AZUL.
> • ELA ESTÁ ATRÁS DO HOMEM DE BIGODE.

ILUSTRAÇÕES: GEORGE TUTUMI

CLÁUDIO CHIYO

DIREITA E ESQUERDA

 **1** LEIA AS DICAS E ESCREVA O NOME DE CADA UMA DAS MENINAS.

> **DICAS**
> - JÚLIA ESTÁ À **DIREITA** DE PEDRO.
> - LARA ESTÁ À **ESQUERDA** DE PEDRO.

ESQUERDA DE PEDRO

PEDRO

DIREITA DE PEDRO

AGORA, RESPONDA ÀS QUESTÕES.

- VOCÊ ESCREVE COM A MÃO DIREITA OU COM A MÃO ESQUERDA?

- QUAL É O NOME DO COLEGA QUE SENTA NA CARTEIRA QUE FICA À SUA DIREITA NA SALA DE AULA?

- AGORA, SENTADO EM SUA CARTEIRA, OLHE PARA A PAREDE À SUA DIREITA E PARA A PAREDE À SUA ESQUERDA. DESENHE O QUE HÁ EM CADA UMA DELAS.

PAREDE À SUA ESQUERDA

PAREDE À SUA DIREITA

2 DESTAQUE OS ADESIVOS DA FICHA 24 E COLE-OS NOS ESPAÇOS DE ACORDO COM AS EXPLICAÇÕES DE SEU PROFESSOR.

NESTA ATIVIDADE, A REFERÊNCIA SERÁ O CORPO DO HOMEM DA CENA.

JOGO
LABIRINTO

OS ELEMENTOS DESTA PÁGINA NÃO ESTÃO APRESENTADOS EM ESCALA DE TAMANHO.

ILUSTRAÇÕES: CLAUDIO CHIYO

ESTÁ MAIS PERTO DA MÃO DIREITA	ESTÁ MAIS PERTO DA MÃO ESQUERDA

ESTÁ MAIS PERTO DO PÉ ESQUERDO	ESTÁ MAIS PERTO DO PÉ DIREITO

EM CIMA E EMBAIXO

1 PINTE DE  AS CAIXAS QUE ESTÃO EMBAIXO DAS CAIXAS VERMELHAS E DE  AS CAIXAS QUE ESTÃO EM CIMA DAS CAIXAS VERMELHAS.

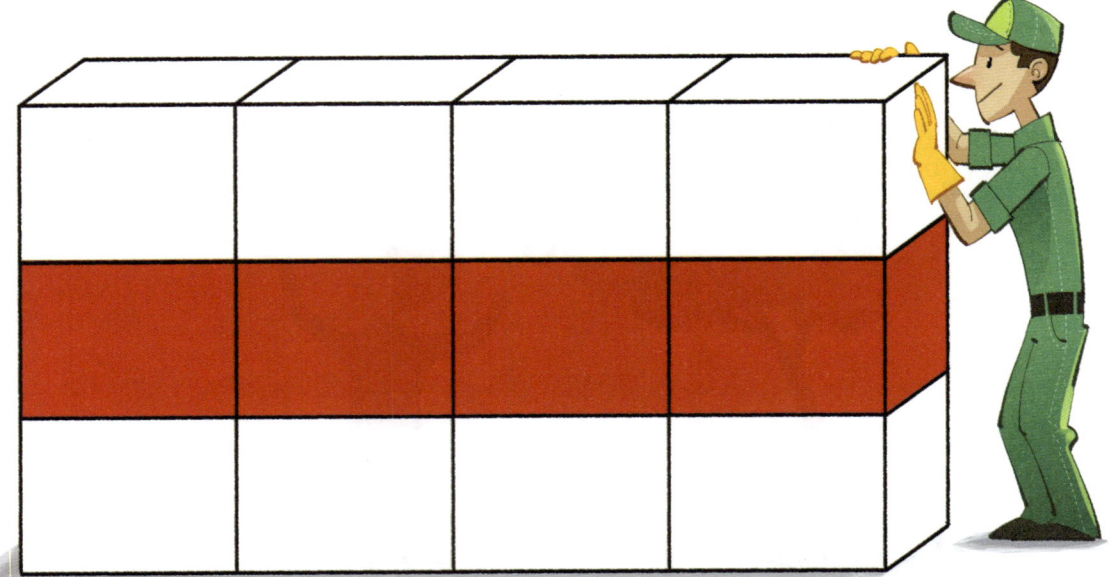

2 OBSERVE ESTE QUARTO E FAÇA O QUE SE PEDE.

ATIVIDADE
QUAL É A POSIÇÃO?

- CONTORNE OS OBJETOS QUE ESTÃO EM CIMA DA PRATELEIRA.

- MARQUE COM UM **X** O OBJETO QUE ESTÁ EMBAIXO DA CAMA.

LOCALIZAÇÃO

DESTAQUE OS ADESIVOS DA FICHA 24 E COLE-OS NESTA PÁGINA, SEGUINDO AS DICAS.

DICAS

- A TARTARUGA ESTÁ ENTRE O AVIÃO E O CARACOL.
- O QUEBRA-CABEÇA ESTÁ NA PAREDE MAIS PERTO DO COELHO.
- OS BLOCOS ESTÃO EM CIMA DA MESA.

DIEGO LOZA

USE O QUE VOCÊ SABE PARA COLAR OS ADESIVOS.

COMPARAÇÕES

COMPARAR QUANTIDADES

1 AS CRIANÇAS QUEREM ANDAR DE CARRINHO. LIGUE CADA CRIANÇA A UM CARRINHO. CADA CARRINHO SÓ PODE LEVAR UMA CRIANÇA.

- HÁ QUANTAS CRIANÇAS? _____

- HÁ QUANTOS CARRINHOS? _____

- SOBROU ALGUMA CRIANÇA SEM SER LIGADA A UM CARRINHO?   ☐ SIM   ☐ NÃO

- SOBROU ALGUM CARRINHO SEM SER LIGADO A UMA CRIANÇA?   ☐ SIM   ☐ NÃO

- A QUANTIDADE DE CRIANÇAS É IGUAL À QUANTIDADE DE CARRINHOS?   ☐ SIM   ☐ NÃO

2 OBSERVE AS CRIANÇAS BRINCANDO.

- A QUANTIDADE DE CORDAS É IGUAL À QUANTIDADE DE CRIANÇAS?

☐ SIM   ☐ NÃO

- HÁ QUANTAS CRIANÇAS? _____

- HÁ QUANTAS CORDAS? _____

3 MARQUE COM UM **X** OS GRUPOS QUE TÊM BOTÕES DE CORES DIFERENTES, MAS QUANTIDADES IGUAIS.

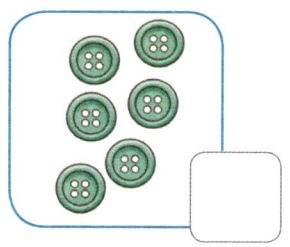 ☐   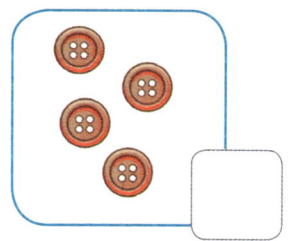 ☐   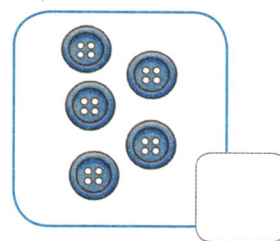 ☐   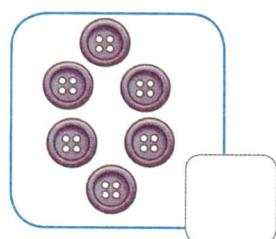 ☐

- HÁ QUANTOS BOTÕES NO GRUPO COM A MENOR QUANTIDADE DE

BOTÕES? _____

4 RITA TINHA ALGUMAS BALAS E DECIDIU DIVIDIR ENTRE SUAS DUAS SOBRINHAS. ELA DEU 3 BALAS PARA LUÍSA E 5 PARA LEILA.

LUÍSA

LEILA

- RITA DEU A MESMA QUANTIDADE DE BALAS PARA CADA SOBRINHA?

☐ SIM   ☐ NÃO

 - RITA FOI JUSTA NESSA DIVISÃO?

SÍMBOLOS E CÓDIGOS

1 CONTORNE OS SÍMBOLOS DOS QUAIS VOCÊ CONHECE O SIGNIFICADO.

2 DESENHE 2 PLACAS COM SÍMBOLOS QUE VOCÊ JÁ OBSERVOU NA RUA.

• QUAL É O SIGNIFICADO DESSAS PLACAS?

A MATEMÁTICA ME AJUDA A SER...

... UMA PESSOA QUE CONHECE OS SINAIS DE TRÂNSITO

O MOVIMENTO DE VEÍCULOS E DE PEDESTRES NAS RUAS É CHAMADO DE TRÂNSITO. PARA QUE TODOS POSSAM TRANSITAR COM TRANQUILIDADE, COM SEGURANÇA E SEM PROBLEMAS, HÁ REGRAS E SINALIZAÇÕES PARA ORIENTAR OS MOTORISTAS E OS PEDESTRES.

GEORGE TUTUMI

TOME NOTA

1 QUANTOS SEMÁFOROS APARECEM NA CENA ACIMA? ☐

2 OBSERVE OS SEMÁFOROS NOS QUADROS ABAIXO. DEPOIS, LIGUE CADA COR AO SIGNIFICADO CORRETO.

SEMÁFORO PARA VEÍCULOS	SEMÁFORO PARA PEDESTRES
 ATENÇÃO SIGA PARE	 SIGA PARE

GEORGE TUTUMI

REFLITA

MARQUE COM UM **X** O SIGNIFICADO DE CADA PLACA.

 ☐ PARE ☐ SIGA

 ☐ PERMITIDO ESTACIONAR ☐ PROIBIDO ESTACIONAR

PLACAS: REPRODUÇÃO

DOMINÓ DE ASSOCIAÇÃO DE IDEIAS

MATERIAL: CARTAS DA FICHA 3 E ENVELOPE DA FICHA 4 PARA GUARDAR AS PEÇAS DOS JOGOS.
DEPOIS DE JOGAR, MONTE O ENVELOPE E GUARDE AS CARTAS DO JOGO.

PARA JOGAR MUITAS VEZES

JOGADORES: 2, 3 OU 4.

REGRAS:

❦ DISTRIBUA AS CARTAS IGUALMENTE ENTRE OS JOGADORES.

❦ CADA CARTA TEM UM SÍMBOLO E UMA CENA. CADA SÍMBOLO ESTÁ RELACIONADO A UMA ÚNICA CENA E VICE-VERSA.

❦ OS JOGADORES DECIDEM QUEM VAI COMEÇAR O JOGO.

❦ O PRIMEIRO JOGADOR COLOCA NA MESA A CARTA QUE QUISER.

❦ O PRÓXIMO JOGADOR DEVE COLOCAR SOBRE A MESA UMA CARTA QUE ESTEJA RELACIONADA AO SÍMBOLO OU À CENA DA CARTA QUE ESTÁ NA MESA. QUANDO UM JOGADOR NÃO TIVER NENHUMA CARTA PARA COLOCAR NO JOGO, ELE PASSARÁ A VEZ PARA O JOGADOR SEGUINTE.

❦ GANHA QUEM ACABAR COM AS CARTAS PRIMEIRO.

VEJA SE ENTENDEU

OBSERVE OS SÍMBOLOS E AS CENAS E LIGUE AS CARTAS QUE SE RELACIONAM.

ILUSTRAÇÕES: JOSÉ LUIS JUHAS

DEPOIS DE JOGAR

1 É A VEZ DE ALINE JOGAR. MARQUE COM UM **X** A CARTA QUE ELA PODE ENCAIXAR NO JOGO.

CARTAS DE ALINE

2 AGORA, É A VEZ DE DIEGO EM OUTRO JOGO. ELE SÓ TEM UMA CARTA NA MÃO.

• ELE PODERÁ GANHAR O JOGO NESSA RODADA?

☐ SIM   ☐ NÃO

ILUSTRAÇÕES: JOSÉ LUÍS JUHAS

COMPARAR PARA DESCOBRIR

1 OBSERVE A CENA ABAIXO E PINTE A ÁRVORE QUE TEM O TRONCO MAIS GROSSO.

- AGORA, MARQUE COM UM **X** A ÁRVORE COM O TRONCO MAIS FINO.

2 OBSERVE OS COPOS E MARQUE COM UM **X** O COPO EM QUE CABE MAIS LÍQUIDO. E COM UM ● O COPO EM QUE CABE MENOS LÍQUIDO.

3 EM CADA CASO, PINTE A FRUTA QUE É MAIS PESADA.

4 CONTORNE A CRIANÇA QUE TEM O CABELO MAIS COMPRIDO. DEPOIS, MARQUE COM UM **X** A CRIANÇA QUE TEM O CABELO MAIS CURTO.

5 OBSERVE JOÃO, COM O PAI E O FILHO. DEPOIS, MARQUE COM UM **X** PARA RESPONDER ÀS QUESTÕES.

JOÃO

• QUEM É O MAIS BAIXO?

• QUEM É O MAIS ALTO?

6 DESCUBRA ONDE CABE MENOS ÁGUA E MARQUE COM UM **X**.

ORGANIZAÇÃO

📱 ① DESTAQUE OS ADESIVOS DE BONECAS *MATRIOSKAS* DA FICHA 24 E COLE-OS NO ESPAÇO ABAIXO, UM AO LADO DO OUTRO, DA MENOR BONECA PARA A MAIOR.

📱 ② DESTAQUE OS ADESIVOS DA FICHA 25, SEPARANDO-OS ASSIM: OBJETOS QUE SÃO USADOS NA COZINHA DOS QUE SÃO USADOS NO BANHEIRO. DEPOIS, COLE-OS NO ESPAÇO ADEQUADO.

COZINHA	BANHEIRO

1 LIGUE O VALOR QUE APARECE EM CADA DADO AO NÚMERO CORRESPONDENTE NAS PEDRAS.

2 TODAS AS CRIANÇAS CABERÃO, SENTADAS, NO VAGÃO DO TRENZINHO? MARQUE COM UM **X** A RESPOSTA.

SIM ☐   NÃO ☐

3 LIGUE CADA PESSOA À COLUNA DE PEDRA QUE MELHOR REPRESENTA SUA ALTURA.

TEM CERTEZA?

1 OBSERVE A COLEÇÃO DE VEÍCULOS DE BRINQUEDO DE JOSÉ E, DEPOIS, FAÇA O QUE SE PEDE.

GEORGE TUTUMI

- ESCOLHA UM VEÍCULO DA COLEÇÃO DE JOSÉ E MARQUE UM **X** NELE.

- VOCÊ SABE DIZER **COM CERTEZA** A COR DO VEÍCULO QUE ESCOLHEU?

  ☐ SIM   ☐ NÃO

- CONTORNE AS CORES DOS VEÍCULOS DA COLEÇÃO DE JOSÉ.

AMARELA   LARANJA   VERMELHA

AZUL   VERDE   LILÁS

- COM OS OLHOS VENDADOS, JOSÉ PEGOU UM VEÍCULO.
  SEM OLHAR, ELE PODE DIZER **COM CERTEZA** A COR DO VEÍCULO QUE PEGOU?

  ☐ SIM   ☐ NÃO

- A COR DO VEÍCULO QUE JOSÉ PEGOU:

  ☐ **COM CERTEZA** É LARANJA.

  ☐ **TALVEZ** SEJA LARANJA.

  ☐ **É IMPOSSÍVEL** SER LARANJA.

- PODEMOS DIZER QUE O VEÍCULO QUE JOSÉ PEGOU **TALVEZ** SEJA VERDE?

  ☐ SIM   ☐ NÃO

2 JOÃO ENCONTROU UM PAPEL NO CHÃO DA CALÇADA POR ONDE CAMINHAVA. LOGO DEPOIS, AVISTOU UMA LIXEIRA E ARREMESSOU O PAPEL PARA CAIR DENTRO DELA.

GEORGE TUTUMI

MARQUE COM UM **X** PARA INDICAR SE CADA AFIRMAÇÃO ESTÁ CERTA OU ERRADA.

- O PAPEL ARREMESSADO **COM CERTEZA** CAIRÁ DENTRO DA LIXEIRA.

  ☐ CERTA   ☐ ERRADA

- O PAPEL ARREMESSADO **TALVEZ** CAIA DENTRO DA LIXEIRA.

  ☐ CERTA   ☐ ERRADA

- **É IMPOSSÍVEL** O PAPEL ARREMESSADO CAIR DENTRO DA LIXEIRA.

  ☐ CERTA   ☐ ERRADA

1 OBSERVE AS CRIANÇAS ENSAIANDO.

HÁ MAIS CRIANÇAS SEGURANDO A BANDEIRA COM A MÃO ESQUERDA OU COM A MÃO DIREITA? MARQUE COM UM **X**.

CLAUDIO CHIYO

MÃO ESQUERDA ☐   MÃO DIREITA ☐

2 MARQUE COM UM **X** OS OBJETOS QUE CATARINA ESTÁ USANDO APENAS DO LADO ESQUERDO DO CORPO DELA.

GEORGE TUTUMI

☐    ☐

☐    ☐

3 OBSERVE AS SITUAÇÕES A SEGUIR E COMPLETE CADA FRASE CORRETAMENTE.

ILUSTRAÇÕES: CLAUDIO CHIYO

CAMILA COLOCOU A FRUTEIRA

_____ DA MESA DA COZINHA.

O GATO ESTÁ _____ O SOFÁ E A POLTRONA.

4 VEJA A SALA DA CASA DE CARLOS E FAÇA O QUE SE PEDE.

- DESENHE UMA ALMOFADA EM CIMA DA POLTRONA.

- DESENHE UMA TOMADA NA PAREDE QUE FICA EMBAIXO DA JANELA.

5 LIGUE OS QUADROS QUE TÊM QUANTIDADES IGUAIS DE FRUTAS.

QUEBRA-CUCA

VEJA A RUA EM QUE LUCAS MORA E COMPLETE.

- PARA IR À PADARIA, LUCAS DEVE VIRAR _____ AO SAIR PELA PORTA DA FRENTE DE SUA CASA.

- PARA IR À FARMÁCIA, LUCAS DEVE VIRAR _____ AO SAIR PELA PORTA DA FRENTE DE SUA CASA.

CENÁRIO: LUNA VICENTE; PERSONAGENS: ARTUR FUJITA

DERRUBE 5 LATAS E GANHE UM PRÊMIO!

CONTAGEM E REPRESENTAÇÃO DE QUANTIDADES

NÚMEROS ATÉ 10

1 LIGUE CADA NÚMERO AO BOLO COM A QUANTIDADE CORRESPONDENTE DE VELAS.

5

6

4

2 SÃO QUANTOS BRINQUEDOS DE CADA TIPO?

SÃO _____ PIPA, _____ BOLAS,

_____ PIÕES E _____ BONECAS.

3 DESENHE 3 MAÇÃS E, DEPOIS, PINTE-AS.

 **4** PINTE 4 BONÉS.

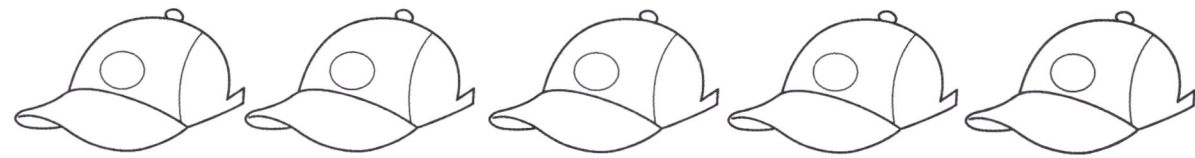

5 ESCREVA OS NÚMEROS.

	1 1
	2 2
	3 3
	4 4
	5 5
	6 6

• ESCREVA ESSES NÚMEROS POR EXTENSO, EM SEU CADERNO.

6 CONTORNE CADA UMA DAS ESTRELAS COM 5 PONTAS.

• QUANTAS ESTRELAS VOCÊ CONTORNOU? ☐

 • AS ESTRELAS QUE VOCÊ NÃO CONTORNOU TÊM QUANTAS PONTAS? CONVERSE COM UM COLEGA PARA SABER SE AS RESPOSTAS DE VOCÊS SÃO AS MESMAS.

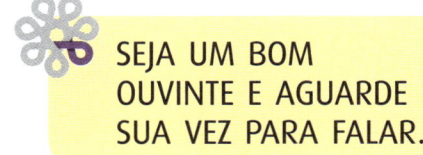 SEJA UM BOM OUVINTE E AGUARDE SUA VEZ PARA FALAR.

MAXX SATORI/SHUTTERSTOCK

ILUSTRAÇÕES: EDSON FARIAS

7 CAMILA PRECISA PINTAR 9 BOLINHAS DE ISOPOR. ELA JÁ PINTOU 5. PINTE AS BOLINHAS QUE FALTAM.

8 OS BRINQUEDOS ESTÃO ORGANIZADOS EM GRUPOS. OBSERVE-OS E FAÇA O QUE SE PEDE.

- CONTORNE COM ✏ O GRUPO QUE TEM 7 BRINQUEDOS.
- CONTORNE COM ✏ O GRUPO QUE TEM 8 BRINQUEDOS.
- QUANTOS BRINQUEDOS VOCÊ NÃO CONTORNOU?

9 MARQUE COM UM **X** O QUADRO EM QUE HÁ 10 DEDOS LEVANTADOS.

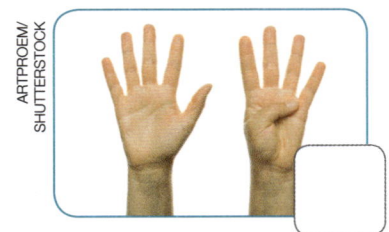

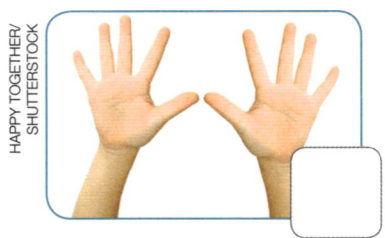

- QUANTOS DEDOS ESTÃO LEVANTADOS NO QUADRO QUE NÃO FOI ASSINALADO?

10 CONTORNE O NINHO EM QUE NÃO HÁ OVOS.

11 LIGUE CADA NÚMERO AO AQUÁRIO COM A QUANTIDADE CORRESPONDENTE DE PEIXES.

 9

 0

 2

 8

 10

12 ESCREVA OS NÚMEROS.

ÁUDIO
1, 2, FEIJÃO COM ARROZ

7 7

8 8

9 9

0 0

10

 • VOCÊ SABE ESCREVER ESSES NÚMEROS POR EXTENSO?

 • CONVERSE COM SEU PROFESSOR PARA FAZER ESSA ESCRITA NO CADERNO.

SEQUÊNCIAS

1 DESCUBRA QUAIS NÚMEROS ESTÃO FALTANDO NAS BOLINHAS DE SABÃO E COMPLETE A SEQUÊNCIA DOS NÚMEROS DE 0 A 10.

 • COMO VOCÊ DESCOBRIU OS NÚMEROS QUE ESTAVAM FALTANDO NESSA SEQUÊNCIA?

2 OBSERVE OS NÚMEROS NOS PEIXINHOS PESCADOS POR GIOVANA NA BARRACA DA PESCARIA.

ATIVIDADE
BEXIGAS NUMERADAS

• AGORA, COMPLETE A SEQUÊNCIA FORMADA COM ESSES NÚMEROS, DO MENOR PARA O MAIOR NÚMERO.

0 ☐ ☐ 7 ☐

DEPOIS DE UM TEMPO, GIOVANA BRINCOU NOVAMENTE E PESCOU MAIS ESTES PEIXINHOS. VEJA OS NÚMEROS NELES.

• ESCREVA A SEQUÊNCIA FORMADA COM ESSES NÚMEROS, DO MAIOR PARA O MENOR NÚMERO.

DEZ UNIDADES OU UMA DEZENA

 ÁUDIO
A GALINHA DO VIZINHO

1 CONTORNE 10 PIÕES E COMPLETE A FRASE.

FORAM CONTORNADOS _____ PIÕES OU _____ DEZENA DE PIÕES.

2 LIGUE CADA ENGRADADO AMARELO A UM ENGRADADO VERMELHO CORRESPONDENTE PARA JUNTAR 10 GARRAFAS.

3 DESENHE 5 FLORES EM CADA FLOREIRA.

- AGORA, CONTE TODAS AS FLORES. NO TOTAL, HÁ QUANTAS FLORES?

_____

EDDE WAGNER

ILUSTRAÇÕES: EDSON FARIAS

NÚMEROS ATÉ 20

1 OBSERVE E COMPLETE COM AS QUANTIDADES.

	_10_ E _1_	11
	_10_ E _2_	12
	___ E _3_	13
	_10_ E ___	14
	___ E _5_	15
	_10_ E ___	16
	___ E _7_	
	_10_ E ___	
	___ E _9_	
	_10_ E ___	20

2 DESCUBRA QUAIS NÚMEROS ESTÃO FALTANDO NAS PORTAS E COMPLETE A SEQUÊNCIA DE NÚMEROS DO 11 AO 20.

11 | | 13 | | | | | | 19 |

3 COMPLETE A SEQUÊNCIA. DEPOIS, PINTE DE ACORDO COM O PADRÃO.

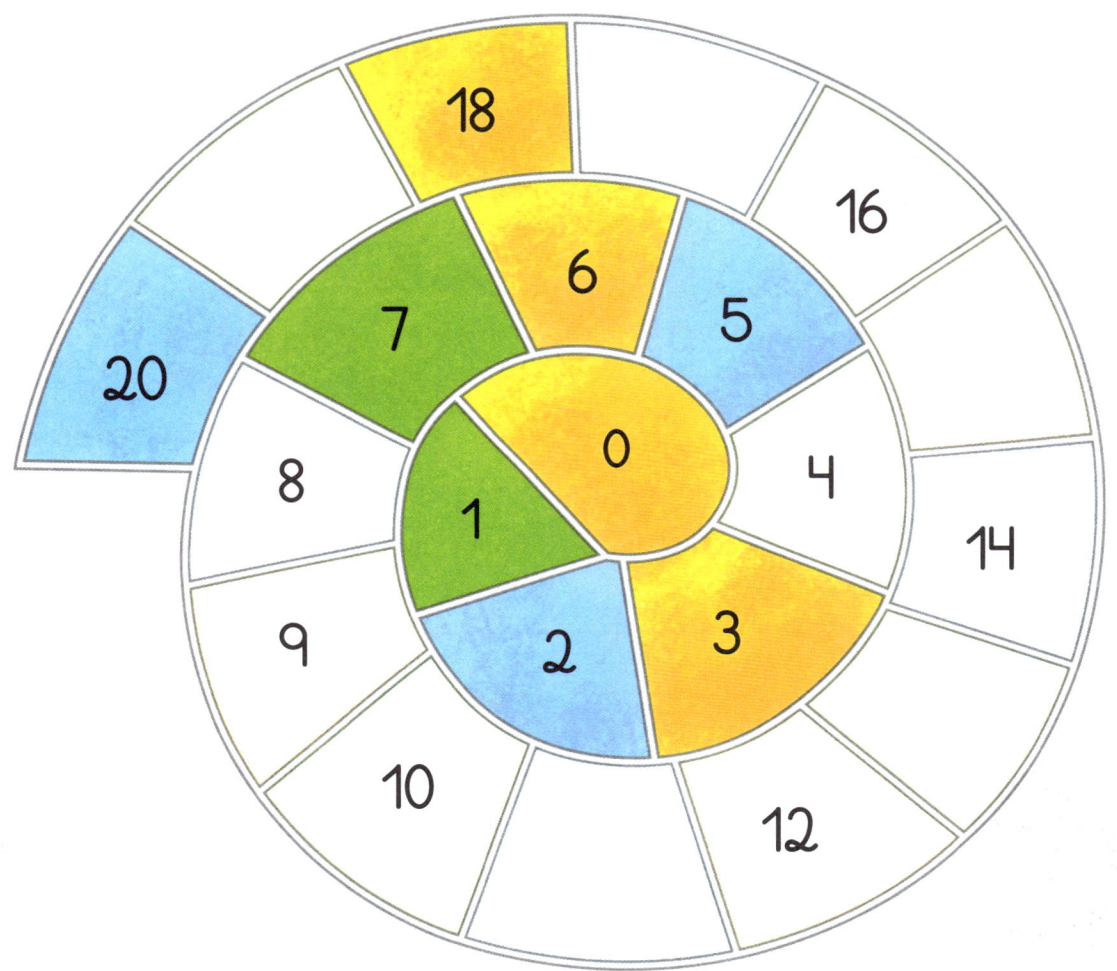

AGORA, FAÇA O QUE SE PEDE.

• QUAL NÚMERO ESTÁ ENTRE O 16 E O 18? _____

• QUAIS NÚMEROS ESTÃO ENTRE O 14 E O 17? _____

• QUAL NÚMERO ESTÁ ENTRE O 11 E O 13? _____

• QUAL NÚMERO ESTÁ ENTRE O 18 E O 20? _____

ILUSTRAÇÕES: EDSON FARIAS

VAMOS JOGAR?

PARA JOGAR MUITAS VEZES

BATALHA DOS PEIXES

MATERIAL: CARTAS DA FICHA 5.

JOGADORES: 2

REGRAS:

- JUNTE SUAS CARTAS COM AS DE SEU COLEGA, EMBARALHE-AS E FORME UM MONTE NO CENTRO DA MESA COM OS NÚMEROS VIRADOS PARA BAIXO.

- TIRE DUAS CARTAS E CONTE OS PEIXES DESENHADOS NELAS. SEU COLEGA DEVE FAZER O MESMO.

- COMPARE OS RESULTADOS. QUEM TIVER A MAIOR QUANTIDADE DE PEIXES FICA COM AS CARTAS DA RODADA. SE OS JOGADORES OBTIVEREM A MESMA QUANTIDADE, AS CARTAS SÃO DEIXADAS DE LADO.

- CADA JOGADOR RETIRA NOVAMENTE DUAS CARTAS DO MONTE E CONTA OS PEIXES DAS DUAS CARTAS.

- OS JOGADORES DEVEM REPETIR ESSES PASSOS ATÉ QUE TODAS AS CARTAS DO MONTE ACABEM. GANHA QUEM ESTIVER COM MAIS CARTAS NO FIM DO JOGO.

VEJA SE ENTENDEU

- NAS CARTAS DA ANA HÁ: _____ PEIXES.

- NAS CARTAS DO DAVI HÁ: _____ PEIXES.

- QUEM VAI FICAR COM AS CARTAS DA RODADA? _____

 **DEPOIS DE JOGAR**

OBSERVE AS RODADAS DO JOGO E DESENHE AS CARTAS QUE FALTAM PARA

QUE  SEJA O VENCEDOR EM TODAS ELAS.

  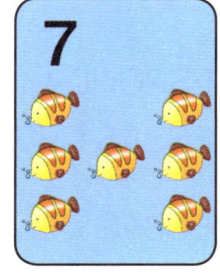 

ILUSTRAÇÕES: JOSÉ LUIS JUHAS

ILUSTRAÇÕES: EDSON FARIAS

USANDO O DINHEIRO

1 OBSERVE UMA MOEDA E ALGUMAS CÉDULAS DE REAL. DEPOIS, ESCREVA O VALOR DE CADA UMA.

_____ 1 _____ REAL

_____ REAIS

_____ REAIS

_____ REAIS

_____ REAIS

AGORA, RESPONDA:

- QUAL DESSAS CÉDULAS TEM O MENOR VALOR? _____

- QUAL DESSAS CÉDULAS TEM O MAIOR VALOR? _____

- COM UMA CÉDULA DE 20 REAIS, É POSSÍVEL COMPRAR UM PRESENTE NO VALOR DE 19 REAIS? MARQUE COM UM **X**.

  ☐ SIM   ☐ NÃO

- SE VOCÊ TIVESSE APENAS UMA CÉDULA DE 5 REAIS E UMA CÉDULA DE 2 REAIS, QUAL DELAS USARIA PARA PAGAR UMA COMPRA NO VALOR DE 3 REAIS?

2 LIGUE CADA CÉDULA DE REAL À FRUTA QUE PODE SER PAGA COM ELA.

5 REAIS

10 REAIS

20 REAIS

2 REAIS

- AS CÉDULAS DE REAL FORAM SUFICIENTES PARA COMPRAR TODAS AS FRUTAS?

3 LEIA O DIÁLOGO E DESCUBRA O NÚMERO EM QUE A MENINA PENSOU.

O NÚMERO É MENOR QUE 20 E MAIOR QUE 11.

AINDA NÃO CONSEGUI DESCOBRIR. PRECISO DE MAIS UMA DICA.

TERMINA COM 9.

AGORA JÁ SEI! O NÚMERO EM QUE VOCÊ PENSOU É O _____.

NÚMEROS ATÉ 31

1 DESENHE AS BOLINHAS QUE ESTÃO FALTANDO PARA COMPLETAR A QUANTIDADE INDICADA. DEPOIS, COMPLETE OS QUADRINHOS COM OS NÚMEROS REFERENTES À QUANTIDADE DE BOLINHAS EM CADA POTE.

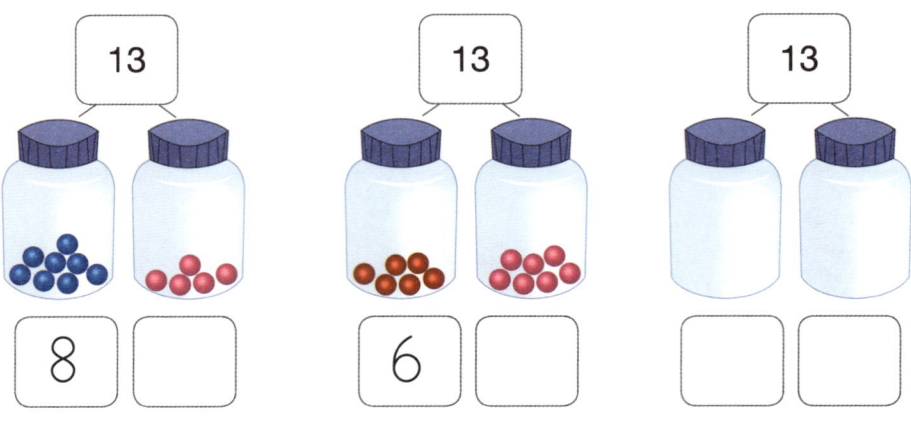

2 OBSERVE E COMPLETE COM AS QUANTIDADES.

	_20_ E _1_	21
	_20_ E ___	24
	___ E _8_	28
	___ E _0_	
	___ E ___	

3 OS CALENDÁRIOS NOS AUXILIAM NA ORGANIZAÇÃO DA NOSSA ROTINA, POIS APRESENTAM O REGISTRO DOS DIAS AGRUPADOS. OBSERVE O CALENDÁRIO ABAIXO E FAÇA O QUE SE PEDE.

JUNHO

DOMINGO	SEGUNDA-FEIRA	TERÇA-FEIRA	QUARTA-FEIRA	QUINTA-FEIRA	SEXTA-FEIRA	SÁBADO
						1
2	3	4	5	6	7	8
9	10	11	12	13	14	15
16	17	18	19	20	21	22
23	24	25	26	27	28	29
30						

- MARQUE COM UM **X** O DIA QUE ESTÁ ENTRE 27 E 29.

- CONTORNE O DIA 20.

4 COMPLETE ESTE CALENDÁRIO DO MÊS DE MAIO. DEPOIS, RESPONDA.

MAIO

DOMINGO	SEGUNDA-FEIRA	TERÇA-FEIRA	QUARTA-FEIRA	QUINTA-FEIRA	SEXTA-FEIRA	SÁBADO
			1			

- QUAIS SÃO OS NÚMEROS QUE INDICAM OS DIAS QUE FORAM SEXTAS-FEIRAS NESSE MÊS?

COMPARAR E ORDENAR

COMPARAÇÕES

1 LIGUE CADA CRIANÇA À COLEÇÃO DE FIGURINHAS DELA.

LUCAS

A COLEÇÃO COM 31 FIGURINHAS É MINHA.

JEAN

MINHA COLEÇÃO É A MENOR.

ANTÔNIO

TENHO MENOS FIGURINHAS QUE LUCAS, MAS MINHA COLEÇÃO É MAIOR QUE A DE JEAN.

- VOCÊ COLECIONA ALGUM OBJETO? CONTE A UM COLEGA.

2 A CASTANHEIRA (*BERTHOLLETIA EXCELSA*) É UMA DAS ÁRVORES MAIS ALTAS DO BRASIL. OBSERVE A IMAGEM E FAÇA O QUE SE PEDE.

- SE EMPILHÁSSEMOS BONECOS EM PÉ, ESTIME QUANTOS BONECOS PRECISARÍAMOS PARA TER UMA PILHA COM A MESMA ALTURA QUE A CASTANHEIRA.

BONECO DO TAMANHO DE UMA CRIANÇA DE 6 ANOS.

CASTANHEIRA (*BERTHOLLETIA EXCELSA*). ALTA FLORESTA, MATO GROSSO (MT), MAIO DE 2012.

NÚMEROS NA FORMA ORDINAL

1 DANIELA VENCEU O CAMPEONATO DE NATAÇÃO. DIANA FOI A SEGUNDA COLOCADA E RENATA, A TERCEIRA. ESCREVA O NOME DE QUEM RECEBEU CADA MEDALHA.

2ª COLOCADA

1ª COLOCADA

3ª COLOCADA

_____   _____   _____

2 COMPLETE O QUADRO QUE INDICA O ANDAR EM QUE MORA CADA PESSOA.

ANA MORA AQUI, NO 2º ANDAR.

TÉRREO

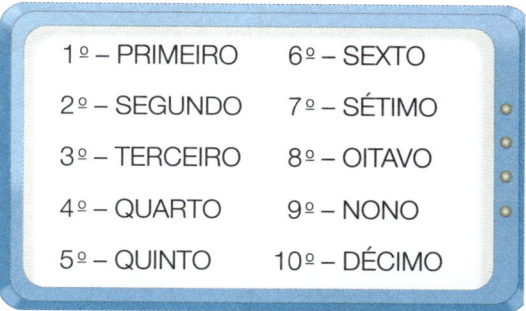

1º – PRIMEIRO	6º – SEXTO
2º – SEGUNDO	7º – SÉTIMO
3º – TERCEIRO	8º – OITAVO
4º – QUARTO	9º – NONO
5º – QUINTO	10º – DÉCIMO

		QUARTO
		SEXTO
		PRIMEIRO
		TERCEIRO
	2º	SEGUNDO
		QUINTO

3 OBSERVE A POSIÇÃO DE CADA CRIANÇA NA CORRIDA DE SACOS.

• DESTAQUE CADA PERSONAGEM DA FICHA 25 E COLE-A EM SUA POSIÇÃO NO PÓDIO DE ACORDO COM A ILUSTRAÇÃO ACIMA.

CÁLCULO MENTAL

1 COMPLETE A AMARELINHA COM OS NÚMEROS QUE ESTÃO FALTANDO.

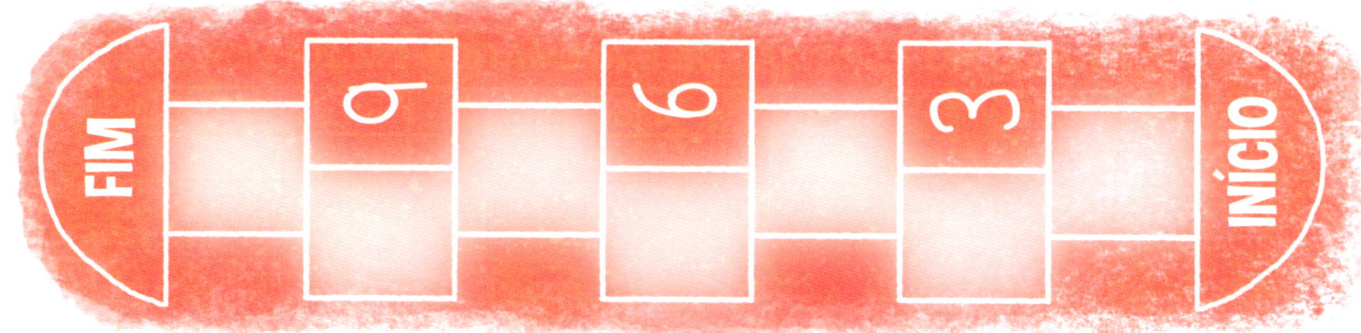

ILUSTRAÇÕES: EDSON FARIAS

2 O SAPINHO SEMPRE SALTA UMA PEDRA E PISA NA QUE VEM DEPOIS DELA. DESENHE OS SALTOS E, EM SEGUIDA, ESCREVA, NA ORDEM, OS NÚMEROS DAS PEDRAS EM QUE O SAPINHO PISOU.

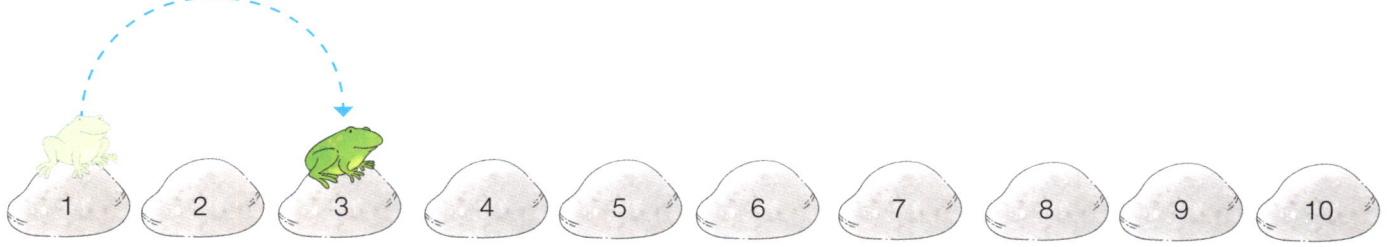

O SAPINHO PISOU NAS PEDRAS DE NÚMEROS

☐ , ☐ , ☐ , ☐ E ☐ .

3 QUANTAS CAIXINHAS DE SUCO HÁ EM CADA PRATELEIRA?

EDDE WAGNER

10

LER TABELAS

1 VEJA O DESEMPENHO DE ALGUNS ALUNOS SELECIONADOS PARA UM TRABALHO ESPECIAL DE MATEMÁTICA. EM SEGUIDA, FAÇA O QUE SE PEDE.

TRABALHO ESPECIAL DE MATEMÁTICA EM 2017

ALUNO	ANA	JOSÉ	LUÍS	SÍLVIA	SUELI
NOTA NO TRABALHO	8	7	8	7	7

FONTE: ESCOLA PESQUISADA EM JANEIRO DE 2018.

- MARQUE COM UM **X** AS NOTAS OBTIDAS POR ESSES ALUNOS:

  ☐ 5   ☐ 6   ☐ 7   ☐ 8   ☐ 9

- QUAL FOI A NOTA DE LUÍS? _____

- QUAIS ALUNOS OBTIVERAM NOTA 7? MARQUE COM UM **X**.

  ☐ ANA   ☐ JOSÉ   ☐ LUÍS

  ☐ SÍLVIA   ☐ SUELI

2 OBSERVE A TABELA A SEGUIR E COMPLETE.

ALUNOS DO PERÍODO DA MANHÃ EM 2018

IDADE DO ALUNO	6 ANOS	7 ANOS	8 ANOS	9 ANOS	10 ANOS
QUANTIDADE DE ALUNOS	10	22	18	20	15

FONTE: ESCOLA PESQUISADA EM FEVEREIRO DE 2018.

- NO PERÍODO DA MANHÃ DA ESCOLA PESQUISADA, HÁ _____ ALUNOS COM 7 ANOS.

- NESSA ESCOLA, HÁ _____ ALUNOS COM _____ ANOS. ESSE É O MENOR GRUPO DE ALUNOS COM A MESMA IDADE NESSE PERÍODO.

- SÃO _____ ALUNOS COM 10 ANOS E 18 ALUNOS COM _____ ANOS.

3 A TABELA A SEGUIR APRESENTA O RESULTADO DA CAMPANHA DE ARRECADAÇÃO DE BRINQUEDOS NOVOS DE UMA ESCOLA.

BRINQUEDOS MAIS ARRECADADOS

TIPO DE BRINQUEDO				
QUANTIDADE	15	20	20	25

FONTE: CAMPANHA DE ARRECADAÇÃO DE BRINQUEDOS EM OUTUBRO DE 2017.

DE ACORDO COM A TABELA:

● MARQUE COM UM **X** O TIPO DE BRINQUEDO QUE FOI O MAIS ARRECADADO.

● LIGUE O TIPO DE BRINQUEDO AO SEU NOME.

BOLA   BONECA   JOGO   URSO

● CONTORNE AS PALAVRAS QUE INDICAM OS TIPOS DE BRINQUEDO APRESENTADOS NA TABELA.

JOGO   URSO   PETECA

BONECA   PIÃO   BOLA

● QUAIS OS TIPOS DE BRINQUEDO QUE TIVERAM A MESMA QUANTIDADE

ARRECADADA? _____

1 CONTE OS BALÕES PENDURADOS E ESCREVA O NÚMERO QUE INDICA A QUANTIDADE DE BALÕES DE CADA COR. DEPOIS, PINTE UM QUADRINHO PARA CADA BALÃO QUE VOCÊ CONTOU.

ÁUDIO
INDIOZINHOS

2 OBSERVE ABAIXO AS MOEDAS E A CÉDULA.

- HÁ QUANTAS MOEDAS DE 1 REAL? _____

- HÁ QUANTAS CÉDULAS DE 10 REAIS? _____

- ACIMA, TODAS AS MOEDAS DE 1 REAL QUE VOCÊ CONTOU REPRESENTAM UMA QUANTIA MENOR, IGUAL OU MAIOR QUE 10 REAIS? MARQUE COM UM **X**.

☐ MENOR   ☐ IGUAL   ☐ MAIOR

3 PINTE 14 PIPAS.

4 CONTE OS APONTADORES DE 2 EM 2. DEPOIS, COMPLETE A SEQUÊNCIA DE NÚMEROS DESSA CONTAGEM.

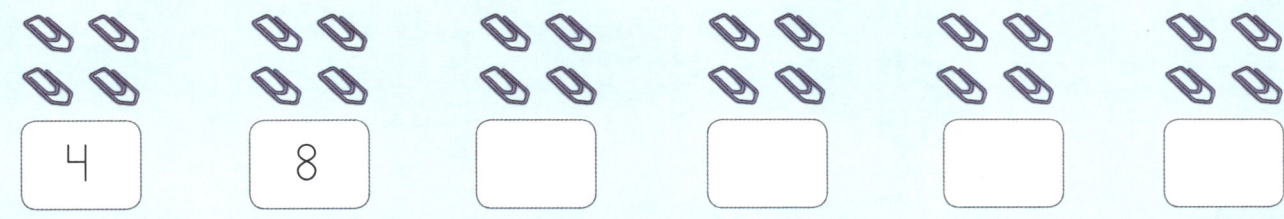

| 2 | 4 | 6 | | | | |

- CONTE OS CLIPES DE 4 EM 4.

| 4 | 8 | | | | |

QUEBRA-CUCA

OBSERVE A QUANTIDADE DE PEÇAS DE CADA QUEBRA-CABEÇA.

- CLARICE ESCOLHEU O QUEBRA-CABEÇA QUE CONTÉM EXATAMENTE 3 DEZENAS DE PEÇAS E O SEU IRMÃO ESCOLHEU O QUEBRA-CABEÇA QUE POSSUI 1 PEÇA A MENOS EM RELAÇÃO AO DE CLARICE. QUAL QUEBRA-CABEÇA NÃO FOI ESCOLHIDO POR ELES?

_____

ILUSTRAÇÕES: EDSON FARIAS

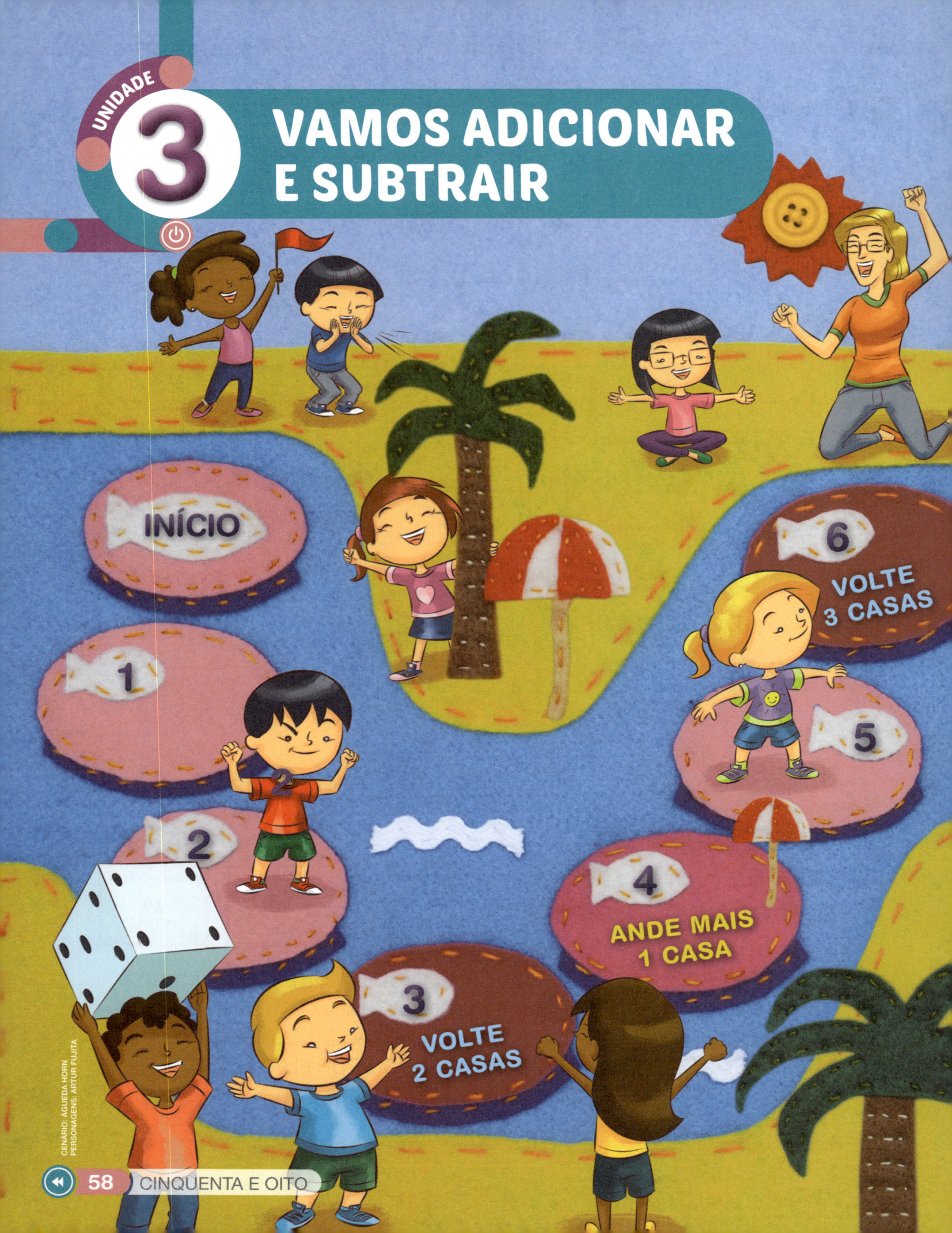

INÍCIO

6
VOLTE
3 CASAS

5

1

2

4
ANDE MAIS
1 CASA

3
VOLTE
2 CASAS

CENÁRIO: AGUEDA HORN
PERSONAGENS: ARTUR FUJITA

7
AVANCE
2 CASAS

8

9
VOLTE
3 CASAS

10

FIM

ADIÇÃO

ADIÇÃO COM NÚMEROS ATÉ 10

1 A ESCOLA DE AMANDA E ÍGOR ESTÁ PARTICIPANDO DE UMA CAMPANHA DE ARRECADAÇÃO DE ALIMENTOS. VEJA OS PACOTES DE ALIMENTOS QUE CADA CRIANÇA TROUXE PARA ESSA CAMPANHA.

- QUANTOS PACOTES DE ALIMENTOS AMANDA E ÍGOR TROUXERAM NO TOTAL?

  3 PACOTES MAIS **3** PACOTES É IGUAL A _____ PACOTES.

2 CONTE E COMPLETE EFETUANDO AS ADIÇÕES.

- _____ MAIS _____ É IGUAL A _____

- _____ MAIS _____ É IGUAL A _____

3 BRUNO TEM 5 BOLINHAS DE GUDE, E SEU IRMÃO TEM 3 BOLINHAS DE GUDE.

- JUNTOS, OS DOIS TÊM QUANTAS BOLINHAS DE GUDE?

 MAIS  É IGUAL A

5 BOLINHAS DE GUDE MAIS **3** BOLINHAS DE GUDE É IGUAL A _____ BOLINHAS DE GUDE.

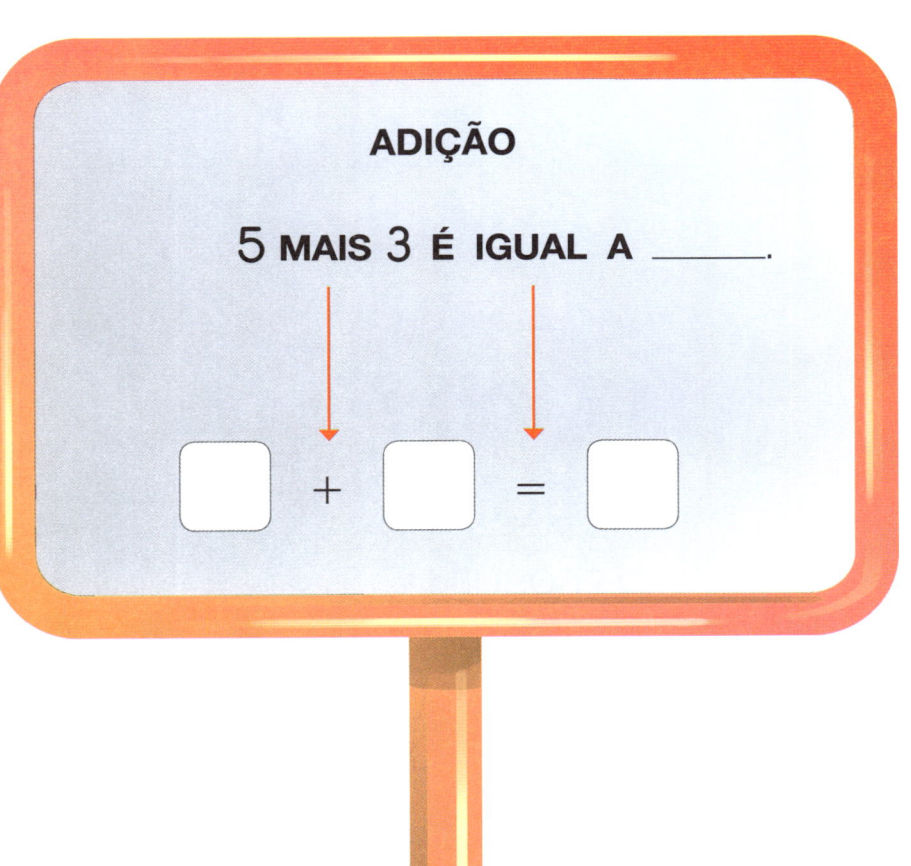

ADIÇÃO

5 MAIS 3 É IGUAL A _____.

☐ **+** ☐ **=** ☐

O SÍMBOLO QUE USAMOS PARA INDICAR UMA ADIÇÃO É **+** E O SÍMBOLO QUE USAMOS PARA INDICAR UMA IGUALDADE É **=**.

JUNTOS, BRUNO E SEU IRMÃO TÊM _____ BOLINHAS DE GUDE.

- AGORA, FAÇA UM REGISTRO DA ADIÇÃO **4** MAIS **4** É IGUAL A **8**.

FOTOS: ISTOC PHOTO/GETTY IMAGES

ILUSTRAÇÕES: JOSÉ LUÍS JUHAS

4 COMPLETE OS QUADRINHOS COM O NÚMERO QUE EXPRESSA A QUANTIDADE DE COGUMELOS EM CADA CASO E EFETUE A ADIÇÃO.

E

$\boxed{4}$ + $\boxed{}$ = $\boxed{}$

E

$\boxed{}$ + $\boxed{}$ = $\boxed{}$

E

$\boxed{}$ + $\boxed{}$ = $\boxed{}$

5 REGISTRE SEU JEITO DE RESOLVER O PROBLEMA.

BRUNO LEVOU 4 BRINQUEDOS PARA A CAMPANHA DE DOAÇÃO PARA CRIANÇAS CARENTES. SEU IRMÃO TAMBÉM LEVOU 4 BRINQUEDOS. JUNTOS, OS DOIS DOARAM QUANTOS BRINQUEDOS?

JUNTOS, ELES DOARAM _____ BRINQUEDOS.

MAIS ADIÇÕES

ANIMAÇÃO
ADIÇÃO

1 CALCULE E REGISTRE OS RESULTADOS.

- 3 + 7 = _____
- 5 + 5 = _____
- 9 + 1 = _____

- 7 + 3 = _____
- 1 + 9 = _____
- 10 + 0 = _____

ESCREVA OUTRAS ADIÇÕES COM RESULTADO IGUAL A 10.

_____

_____

2 VEJA JANAÍNA EXPLICANDO A FÁBIO COMO CALCULOU MENTALMENTE O RESULTADO DE 8 + 6.

CALCULEI 8 MAIS 2 E OBTIVE 10. DEPOIS, ADICIONEI 10 A 4, E O RESULTADO FOI 14.

AGORA, CALCULE E REGISTRE O RESULTADO DAS ADIÇÕES.

- 5 + 8 = _____
- 6 + 7 = _____

- 7 + 9 = _____
- 8 + 9 = _____

3 VEJA O DINHEIRO DE NÁDIA E O DE JÚLIO. DEPOIS, COMPLETE.

DINHEIRO DE NÁDIA

DINHEIRO DE JÚLIO

NÁDIA E JÚLIO TÊM JUNTOS _____ REAIS.

JOSÉ LUÍS JUHAS

FOTOS: BANCO CENTRAL DO BRASIL

4 MARIANA E RODRIGO JOGARAM BOLINHAS DE GUDE. MARIANA TINHA 23 BOLINHAS DE GUDE E GANHOU 8 BOLINHAS DE RODRIGO. QUANTAS BOLINHAS DE GUDE MARIANA TEM AGORA?

- COMPLETE O CÁLCULO ABAIXO.

23 + _____ = _____

AGORA, MARIANA TEM _____ BOLINHAS DE GUDE.

5 ESCREVA OS DOIS PRÓXIMOS NÚMEROS DE CADA SEQUÊNCIA.

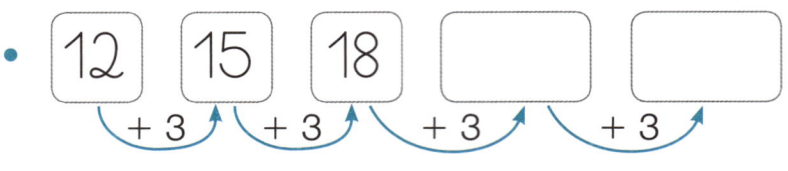

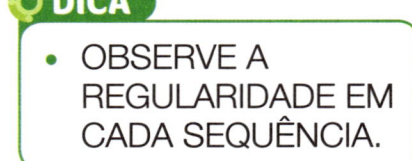

DICA
- OBSERVE A REGULARIDADE EM CADA SEQUÊNCIA.

6 OBSERVE UMA RETA NUMÉRICA COM NÚMEROS QUE AUMENTAM DE 1 EM 1 UNIDADE.

0   1   2   3   4   5   6

AGORA, COMPLETE ESTAS OUTRAS RETAS NUMÉRICAS COM OS NÚMEROS QUE ESTÃO FALTANDO.

- OS NÚMEROS AUMENTAM DE 4 EM 4 UNIDADES.

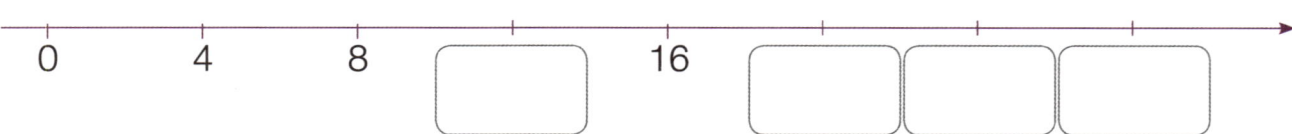

- OS NÚMEROS AUMENTAM DE 5 EM 5 UNIDADES.

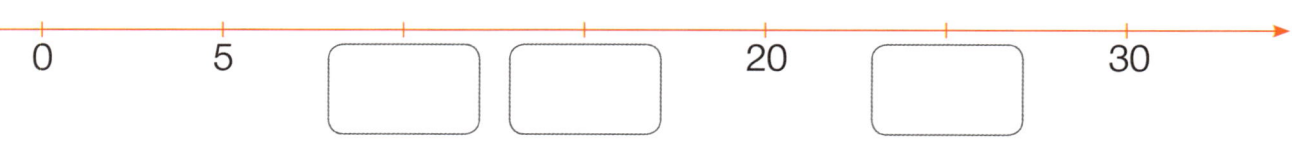

... UMA PESSOA CONSCIENTE DO VALOR DAS COISAS

HOJE EM DIA, USAMOS O DINHEIRO PARA FAZER COMPRAS, MAS NEM SEMPRE FOI ASSIM.

ANTES DE O DINHEIRO EXISTIR, AS COMPRAS ERAM REALIZADAS POR MEIO DA TROCA DE MERCADORIAS, COMO A DE PEIXES POR LEITE, A DE FRUTAS POR TECIDOS ETC. ESSA TROCA DE MERCADORIAS FICOU CONHECIDA COMO **ESCAMBO**.

COM O PASSAR DO TEMPO, AS TROCAS FICARAM MAIS COMPLEXAS, E HOUVE A NECESSIDADE DE SE CRIAR ALGO QUE FACILITASSE ESSAS TROCAS. CRIOU-SE, ENTÃO, O **DINHEIRO**. PORÉM, AINDA HOJE É POSSÍVEL ENCONTRAR ESCAMBOS EM FEIRAS DE LIVROS, DE ROUPAS, DE BRINQUEDOS, ENTRE OUTRAS.

FABIANA FAIALLO

TOME NOTA

1 COMO ERAM FEITOS OS ESCAMBOS?

_____

2 O QUE FOI CRIADO PARA FACILITAR AS TROCAS? _____

REFLITA

MARIANA TEM UM CADERNO NOVO QUE NÃO VAI USAR, E CARLOS TEM UMA BORRACHA NOVA. CARLOS PROPÔS A MARIANA QUE TROCASSE A BORRACHA PELO CADERNO. CONSIDERANDO QUE O CADERNO CUSTA 14 REAIS E A BORRACHA CUSTA QUASE 5 REAIS, VOCÊ CONSIDERA ESSA TROCA JUSTA?

USE OS **CONHECIMENTOS QUE VOCÊ JÁ TEM** PARA RESPONDER A ESSA PERGUNTA.

VAMOS JOGAR?

ÁRVORE DAS MAÇÃS

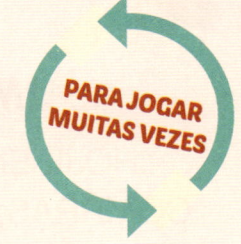

PARA JOGAR MUITAS VEZES

MATERIAL: TABULEIRO A, MAÇÃS DA FICHA 6 E 2 DADOS DA FICHA 7, QUE DEVERÃO SER MONTADOS.

JOGADORES: 2 A 4.

REGRAS:

- OS JOGADORES DECIDEM QUEM VAI COMEÇAR O JOGO.
- O PRIMEIRO JOGA OS DADOS E PEGA A QUANTIDADE DE MAÇÃS CORRESPONDENTE AO TOTAL DOS VALORES INDICADOS NOS DADOS.
- EM SEGUIDA, O JOGADOR COLOCA AS MAÇÃS NA ÁRVORE DELE E PASSA OS DADOS PARA O PRÓXIMO JOGADOR.
- GANHA QUEM PREENCHER PRIMEIRO A ÁRVORE COM AS MAÇÃS.

VEJA SE ENTENDEU

OBSERVE OS NÚMEROS QUE LUCAS TIROU NOS DADOS E DESENHE AS MAÇÃS QUE ELE DEVE COLOCAR NA ÁRVORE.

3 **1**

JOSÉ LUIS JUHAS

HÉLIO SENATORE

Reprodução proibida. Art. 184 do Código Penal e Lei 9.610 de 19 de fevereiro de 1998.

DEPOIS DE JOGAR

1 OBSERVE OS DADOS DE CADA CRIANÇA E MARQUE COM UM **X** A CRIANÇA QUE COLOCOU MAIS MAÇÃS NO TABULEIRO NESTA RODADA.

2 OBSERVE A ÁRVORE DO TABULEIRO.

- AGORA, ESCREVA NOS DADOS ABAIXO DUAS POSSIBILIDADES DIFERENTES DE PONTOS PARA COMPLETAR A ÁRVORE DO TABULEIRO ACIMA EM UMA ÚNICA RODADA.

ILUSTRAÇÕES: JOSÉ LUIS JUHAS

HÉLIO SENATORE

SUBTRAÇÃO COM NÚMEROS ATÉ 10

1 OBSERVE AS CENAS E COMPLETE.

HAVIA _____ PERAS NA BANDEJA. LARA PEGOU _____ PERAS E SAIU.

FICARAM _____ PERAS NA BANDEJA.

2 CONTE OS CARRINHOS DE ARTHUR E COMPLETE.

HÁ _____ CARRINHOS SOBRE A MESA.

ARTHUR COLOCOU

_____ CARRINHOS NA PRATELEIRA.

- QUANTOS CARRINHOS FICARAM SOBRE A MESA?

10 CARRINHOS MENOS 3 CARRINHOS É IGUAL A _____ CARRINHOS.

 **68** SESSENTA E OITO

3 FÁTIMA TEM 5 ABÓBORAS E VAI USAR 3 PARA FAZER UM DOCE.

- QUANTAS ABÓBORAS SOBRARÃO?

5 ABÓBORAS MENOS **3** ABÓBORAS É IGUAL A _____ ABÓBORAS.

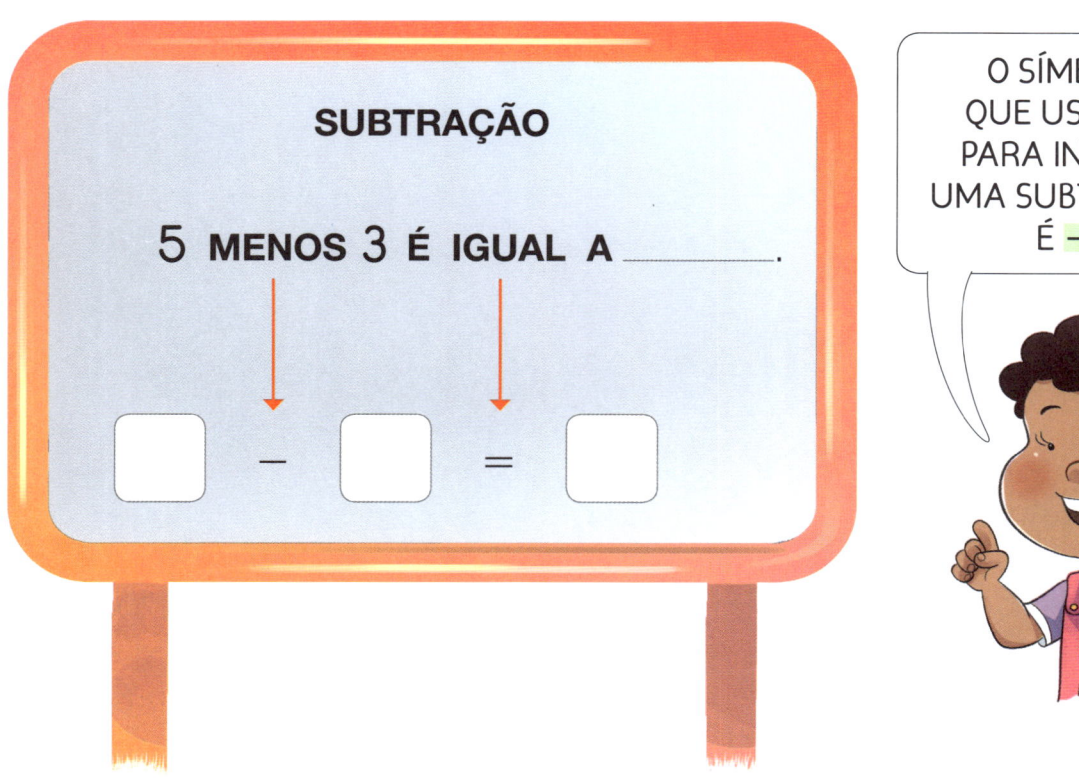

SUBTRAÇÃO

5 MENOS 3 É IGUAL A _____.

⬜ — ⬜ = ⬜

O SÍMBOLO QUE USAMOS PARA INDICAR UMA SUBTRAÇÃO É —.

SOBRARÃO _____ ABÓBORAS.

- AGORA, FAÇA UM REGISTRO DA SUBTRAÇÃO **10** MENOS **5** É IGUAL A **5**.

_____

4 COMPLETE.

ANIMAÇÃO
SUBTRAÇÃO

- 7 – 1 = _____
- 9 – 3 = _____
- _____ = 8 – 2

- 6 – 1 = _____
- 8 – _____ = 5
- _____ = 9 – 4

MAIS SUBTRAÇÕES

1 JÚNIOR TEM 11 ANOS DE IDADE, E PÂMELA TEM 7. ELES FAZEM ANIVERSÁRIO NO MESMO DIA. CALCULE QUANTOS ANOS JÚNIOR TEM A MAIS QUE PÂMELA.

PÂMELA   JÚNIOR

JÚNIOR TEM _____ ANOS A MAIS QUE PÂMELA.

2 DESCUBRA, EM CADA CASO, QUANTAS CAIXAS AMARELAS FALTAM PARA QUE A FIGURA 1 FIQUE COM A MESMA QUANTIDADE DE CAIXAS VERDES QUE A FIGURA 2 E, DEPOIS, COMPLETE.

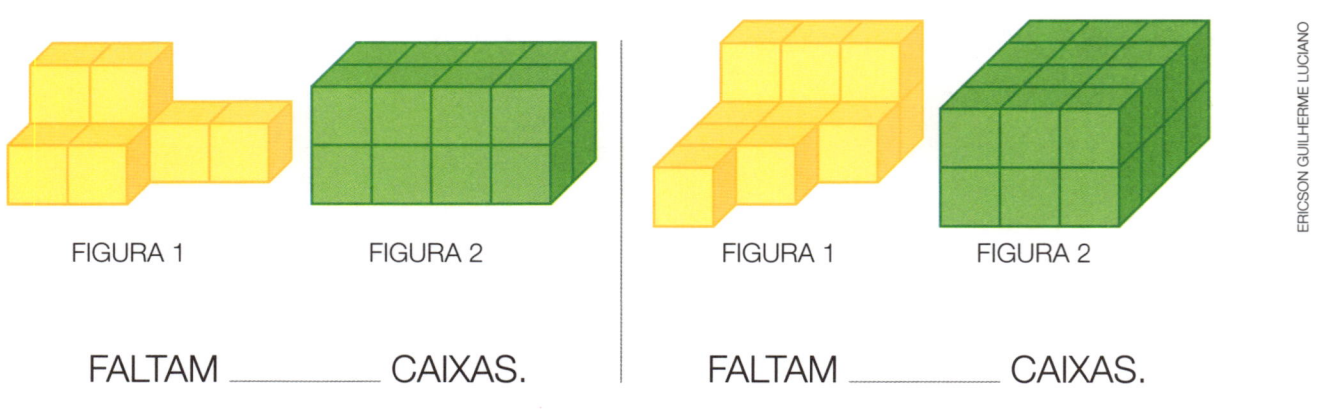

FIGURA 1   FIGURA 2   FIGURA 1   FIGURA 2

FALTAM _____ CAIXAS.   FALTAM _____ CAIXAS.

NÃO HÁ CAIXAS ESCONDIDAS ATRÁS DAS PILHAS.

GEORGE TUTUMI

ERICSON GUILHERME LUCIANO

3 PARA UMA CAMPANHA DE ARRECADAÇÃO DE ALIMENTOS, FORAM DOADOS 31 PACOTES DE AÇÚCAR E 17 PACOTES DE CAFÉ. QUANTOS PACOTES DE AÇÚCAR FORAM DOADOS A MAIS QUE OS DE CAFÉ?

FORAM DOADOS _____ PACOTES DE AÇÚCAR A MAIS QUE OS DE CAFÉ.

4 NA FESTA DE ANIVERSÁRIO DE ROBERTO, FORAM CONSUMIDAS 27 TAPIOCAS DOCES E 18 TAPIOCAS SALGADAS. QUANTAS TAPIOCAS DOCES FORAM CONSUMIDAS A MAIS QUE AS SALGADAS?

FORAM CONSUMIDAS _____ TAPIOCAS DOCES A MAIS QUE AS SALGADAS.

5 JOÃO TEM 1 CÉDULA DE 5 REAIS E 2 CÉDULAS DE 10 REAIS. QUANTO FALTA PARA ELE COMPLETAR 31 REAIS?

FALTAM _____ REAIS PARA COMPLETAR 31 REAIS.

6 NA FESTA JUNINA DA ESCOLA, DANIEL BRINCOU DO JOGO DE DERRUBAR LATAS. NA SEGUNDA RODADA, ELE FEZ 14 PONTOS. AGORA, DANIEL ESTÁ COM 22 PONTOS. QUANTOS PONTOS DANIEL FEZ NA PRIMEIRA RODADA?

DANIEL FEZ _____ PONTOS NA PRIMEIRA RODADA.

7 SANDRA E RENATO TAMBÉM BRINCARAM DO JOGO DE DERRUBAR LATAS. SANDRA CONSEGUIU FAZER 30 PONTOS. RENATO FEZ 16 PONTOS A MENOS QUE SANDRA. QUANTOS PONTOS RENATO FEZ?

RENATO FEZ _____ PONTOS.

8 BEATRIZ TEM 20 REAIS E ESTÁ PENSANDO EM COMPRAR ESTAS DUAS REVISTAS.

- O DINHEIRO QUE BEATRIZ TEM É SUFICIENTE PARA COMPRAR AS DUAS REVISTAS? QUANTO DINHEIRO SOBRARIA OU FALTARIA?

Reprodução proibida. Art. 184 do Código Penal e Lei 9.610 de 19 de fevereiro de 1998.

9 OBSERVE A QUANTIA DE JORGE E A DE LUCAS.

JORGE TEM:

LUCAS TEM:

- MARQUE COM UM **X** QUANTOS REAIS JORGE TEM A MAIS QUE LUCAS.

2 REAIS   4 REAIS   6 REAIS   3 REAIS

10 OBSERVE A QUANTIA QUE RENATA TEM. EM SEGUIDA, DESENHE MOEDAS DE 1 REAL PARA QUE ELA COMPLETE 10 REAIS.

FALTAM _____ REAIS PARA RENATA COMPLETAR 10 REAIS.

11 COM UM COLEGA, RESOLVA O PROBLEMA E REGISTRE COMO VOCÊS PENSARAM.

HAVIA 10 ALUNOS NA SALA DE AULA, MAS 6 SAÍRAM. QUANTOS ALUNOS FICARAM NA SALA DE AULA?

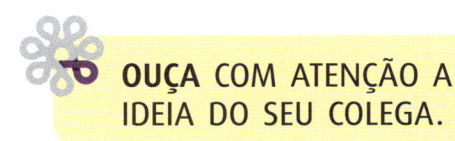
OUÇA COM ATENÇÃO A IDEIA DO SEU COLEGA.

FICARAM _____ ALUNOS NA SALA DE AULA.

TEMA 3 — AS DUAS OPERAÇÕES

ADIÇÃO E SUBTRAÇÃO

1 CONTE OS PATOS E COMPLETE.

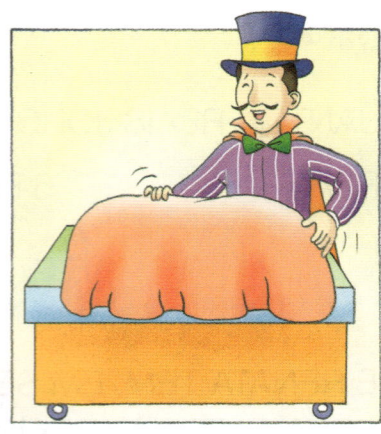 

- QUANTOS PATOS DESAPARECERAM? ☐

2 FAÇA DESENHOS PARA DESCOBRIR O RESULTADO.

6 + 1 = ☐	4 − 4 = ☐
10 − 7 = ☐	3 + 5 = ☐
9 − 4 = ☐	7 + 2 = ☐

PROBLEMAS COM ADIÇÃO E SUBTRAÇÃO

1 EM UM JOGO DE BASQUETE, AO FAZER UMA CESTA DE 3 PONTOS, O TIME DE LAURA TOTALIZOU 31 PONTOS. O TIME DE BIANCA FEZ 4 PONTOS A MENOS QUE O TOTAL DE PONTOS DO TIME DE LAURA.

- QUANTOS PONTOS TINHA O TIME DE LAURA ANTES DE FAZER A CESTA DE 3 PONTOS? ☐

- QUAL FOI O TOTAL DE PONTOS DO TIME DE BIANCA? ☐

2 TAINÁ E MAURÍCIO TÊM JUNTOS 30 FIGURINHAS.

- SABENDO QUE TAINÁ TEM 17 FIGURINHAS, QUANTAS FIGURINHAS TEM MAURÍCIO? ☐

- QUANTAS FIGURINHAS TAINÁ TEM A MAIS QUE MAURÍCIO? ☐

3 GISELE GANHOU UMA CAIXA COM 20 BOMBONS E COMEU 3 DELES. QUANTOS BOMBONS SOBRARAM NA CAIXA?

SOBRARAM _____ BOMBONS NA CAIXA.

4 ANA TINHA 9 REAIS E GANHOU MAIS 15 REAIS DE SUA TIA. ELA QUER COMPRAR UM LIVRO QUE CUSTA 30 REAIS. QUANTOS REAIS FALTAM PARA QUE ANA CONSIGA COMPRAR ESSE LIVRO?

FALTAM _____ REAIS PARA ANA COMPRAR O LIVRO.

5 BRUNA FEZ UM DESENHO DE QUADRADOS COLORIDOS, E MARIANA FEZ UM DE CÍRCULOS COLORIDOS.

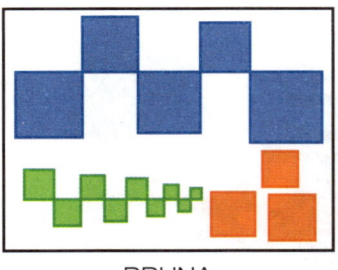

BRUNA

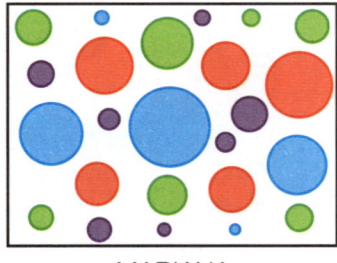

MARIANA

- QUANTOS QUADRADOS BRUNA DESENHOU?

- QUANTOS CÍRCULOS FORAM DESENHADOS POR MARIANA?

- QUANTAS FIGURAS BRUNA DESENHOU A MENOS QUE MARIANA?

6 DURANTE ALGUMAS SEMANAS, QUATRO AMIGOS ECONOMIZARAM DINHEIRO. VAMOS DESCOBRIR QUANTOS REAIS CADA UM TEM AGORA? REGISTRE SEUS CÁLCULOS.

ANA

ANA TEM 17 REAIS.

LARISSA

TENHO 2 REAIS A MAIS QUE ANA.

LARISSA TEM _____ REAIS.

JOÃO

TENHO 3 REAIS A MENOS QUE ANA.

JOÃO TEM _____ REAIS.

CAIO

TENHO 10 REAIS A MAIS QUE ANA.

CAIO TEM _____ REAIS.

COMPREENDER INFORMAÇÕES

O QUE VAMOS TER?

1 OS DADOS SÃO MUITO USADOS EM JOGOS DE TABULEIRO. CADA UMA DAS 6 FACES DE UM DADO COMO O MOSTRADO A SEGUIR TEM PONTINHOS QUE REPRESENTAM NÚMEROS DE 1 A 6.

- OBSERVE AO LADO O LANÇAMENTO DE ANA. PINTE OS QUADRINHOS COM AS QUANTIDADES DE CASAS QUE ELA PODE ANDAR.

ANA   LUCAS

GEORGE TUTUMI

| 1 | 2 | 3 | 4 | 5 | 6 |

- LUCAS JOGOU O DADO E A FACE 🎲 FICOU PARA CIMA. ENTÃO,

LUCAS DEVE ANDAR _____ CASAS NO TABULEIRO.

- DOS NÚMEROS ABAIXO, CONTORNE AQUELES QUE SÃO IMPOSSÍVEIS DE SAIR QUANDO JOGAMOS UM DADO.

1   3   5   7   9   11

10   8   6   4   2

⊙ **IMPORTANTE**

O RESULTADO NO LANÇAMENTO DE UM DADO É UM RESULTADO AO ACASO, PORQUE NÃO SABEMOS, COM CERTEZA, QUAL SERÁ.

- PODEMOS DIZER, COM CERTEZA, QUE ANA VAI TIRAR 6 NA PRÓXIMA RODADA?

☐ SIM   ☐ NÃO

Reprodução proibida. Art. 184 do Código Penal e Lei 9.610 de 19 de fevereiro de 1998.

SETENTA E OITO

78

2 ANA FEZ UMA VITAMINA DE FRUTAS COM MAÇÃS E LARANJAS.

- MARQUE COM UM **X** AS FRUTAS QUE ANA COM CERTEZA COLOCOU NA VITAMINA DE FRUTAS.

3 CARLA PREPAROU TRÊS TAÇAS DE SORVETE: UMA COM SORVETE DE CREME, UMA COM SORVETE DE CHOCOLATE E OUTRA COM SORVETE DE MORANGO. A FILHA DELA PEGOU UMA DAS TAÇAS, AO ACASO, SEM VER O SABOR DO SORVETE.

- MARQUE COM UM **X** A FRASE CORRETA SOBRE O SORVETE DA TAÇA QUE A FILHA DE CARLA PEGOU.

  ☐ O SABOR COM CERTEZA É CREME.

  ☐ TALVEZ O SABOR SEJA CREME.

  ☐ É IMPOSSÍVEL O SABOR SER CREME.

4 DANIEL E RUI ESTÃO BRINCANDO COM DOIS DADOS. DANIEL TIROU 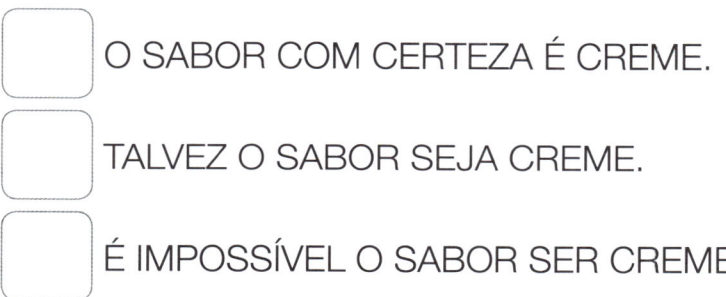 E RUI TIROU.

- COMPLETE.

  RUI TIROU 3 E 6, QUE ADICIONADOS RESULTAM EM _____ PONTOS.

  DANIEL TIROU _____ PONTOS AO TODO.

- NA PRÓXIMA JOGADA, RUI DISSE QUE VAI FAZER 13 PONTOS JOGANDO OS DOIS DADOS. MARQUE COM UM **X** SE ISSO:

  ☐ É IMPOSSÍVEL ACONTECER.

  ☐ TALVEZ ACONTEÇA.

  ☐ ACONTECERÁ COM CERTEZA.

CÁLCULO MENTAL

1 NO JOGO DA ÁRVORE DAS MAÇÃS, UMA CRIANÇA COLOCOU 8 MAÇÃS DE UMA ÚNICA VEZ. PARA ESSA SITUAÇÃO, ESCREVA TRÊS POSSIBILIDADES DIFERENTES DE VALORES QUE ELA TIROU NOS DADOS.

-  E    •  E    •  E

2 DESENHE AS BOLINHAS QUE ESTÃO FALTANDO PARA COMPLETAR A QUANTIDADE INDICADA. DEPOIS, COMPLETE OS QUADRINHOS COM OS NÚMEROS REFERENTES À QUANTIDADE DE BOLINHAS EM CADA POTE.

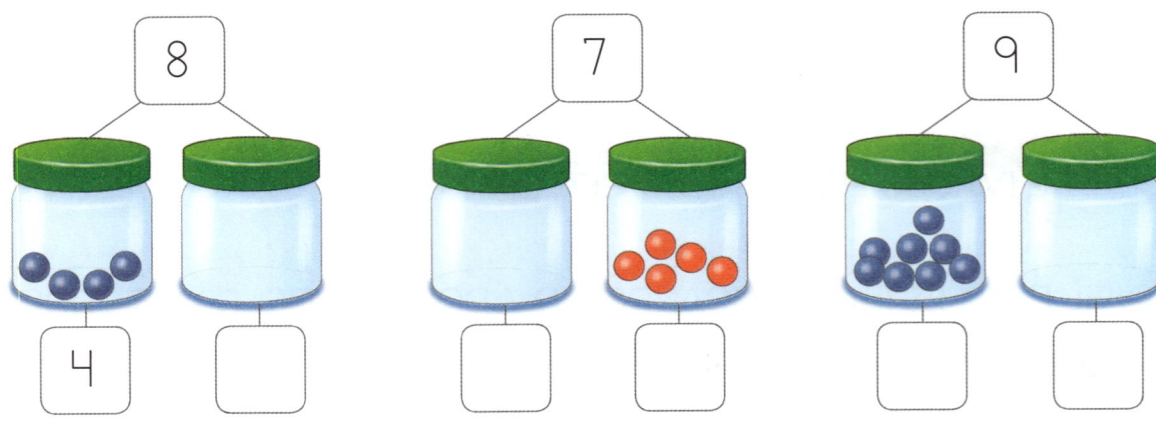

3 EM CADA CASO, CONTORNE O QUE PODEMOS COMPRAR COM A QUANTIA INDICADA, SEM SOBRAR DINHEIRO.

 4 REAIS
 3 REAIS
 5 REAIS

 6 REAIS
 4 REAIS
 3 REAIS

4 DESCUBRA O TOTAL DE PONTOS QUE CADA CRIANÇA TIROU NOS DADOS NUMERADOS DE 1 A 6. ATENÇÃO: ESSE TOTAL DE PONTOS É IGUAL AO NÚMERO QUE A CRIANÇA ESCONDE NA TRILHA.

TOTAL DE PONTOS: ☐

TOTAL DE PONTOS: ☐

- AGORA, COMPLETE OS QUADROS COM OS POSSÍVEIS PONTOS QUE CADA CRIANÇA TIROU NOS DADOS.

PONTOS DOS DADOS

DADO AZUL	DADO ROXO
	3
3	
2	

PONTOS DOS DADOS

DADO AZUL	DADO ROXO
	5
5	
	4
4	
3	

5 FAÇA UMA LINHA QUE INDIQUE ONDE DEVEMOS PRENDER CADA ETIQUETA PARA SEPARAR DE UM DOS LADOS DO CHAVEIRO A QUANTIDADE DE QUADRADINHOS MARCADA NA ETIQUETA.

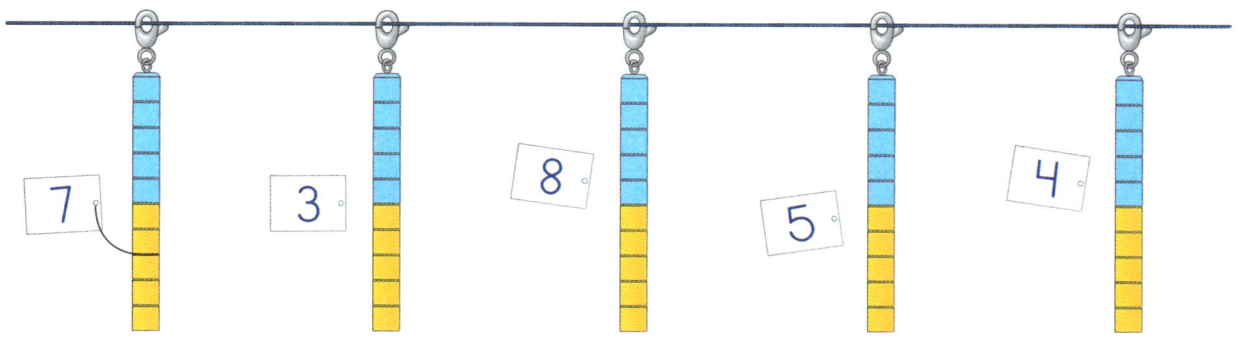

7   3   8   5   4

ILUSTRAÇÕES: EDSON FARIAS

EDSON FARIAS

O QUE VOCÊ APRENDEU

ERICSON GUILHERME LUCIANO

1 PINTE AS FICHAS COM O RESULTADO INDICADO EM CADA QUADRO.

RESULTADO 10

9 + 1	4 + 1	7 + 3
5 + 5	3 + 7	2 + 8
4 + 5	3 + 8	6 + 4

RESULTADO 14

21 – 8	3 + 11	17 – 3
26 – 12	12 + 2	8 + 7
30 – 16	9 + 4	14 – 0

2 ANDRÉA TINHA 5 REAIS E GANHOU DA MÃE DELA A QUANTIA REPRESENTADA PELAS CÉDULAS AO LADO.

BANCO CENTRAL DO BRASIL

- QUANTOS REAIS ANDRÉA TEM AGORA?

3 CARLOS E ANDRÉ FORAM À PAPELARIA. LEIA AS INFORMAÇÕES ABAIXO E, DEPOIS, RESPONDA ÀS QUESTÕES.

> ✓ CARLOS COMPROU UM CADERNO POR 7 REAIS E UMA CARTELA DE ADESIVOS POR 7 REAIS.
> ✓ ANDRÉ COMPROU UMA LAPISEIRA POR 10 REAIS E UMA CANETA POR 7 REAIS.

- QUEM GASTOU MAIS DINHEIRO: CARLOS OU ANDRÉ? _____

QUANTOS REAIS A MAIS?

- DESENHE A MENOR QUANTIDADE DE CÉDULAS QUE CARLOS PODE USAR PARA PAGAR SUAS COMPRAS SEM RECEBER TROCO.

4 COMPLETE COM O NÚMERO QUE FALTA EM CADA CASO.

- 7 + _____ = 10

- _____ − 7 = 3

- 4 + _____ = 7

- 8 + _____ = 8

- 5 + 5 = _____

- 4 + _____ = 9

- _____ + 6 = 9

- _____ − 0 = 8

QUEBRA-CUCA

OBSERVE A ILUSTRAÇÃO E CALCULE A QUANTIDADE DE BEBIDAS EM CADA CASO.

1)

 E

[ ] + [ ] = [ ]

3)

 E

[ ] + [ ] = [ ]

2)

 E

[ ] + [ ] = [ ]

4)

 E

[ ] + [ ] = [ ]

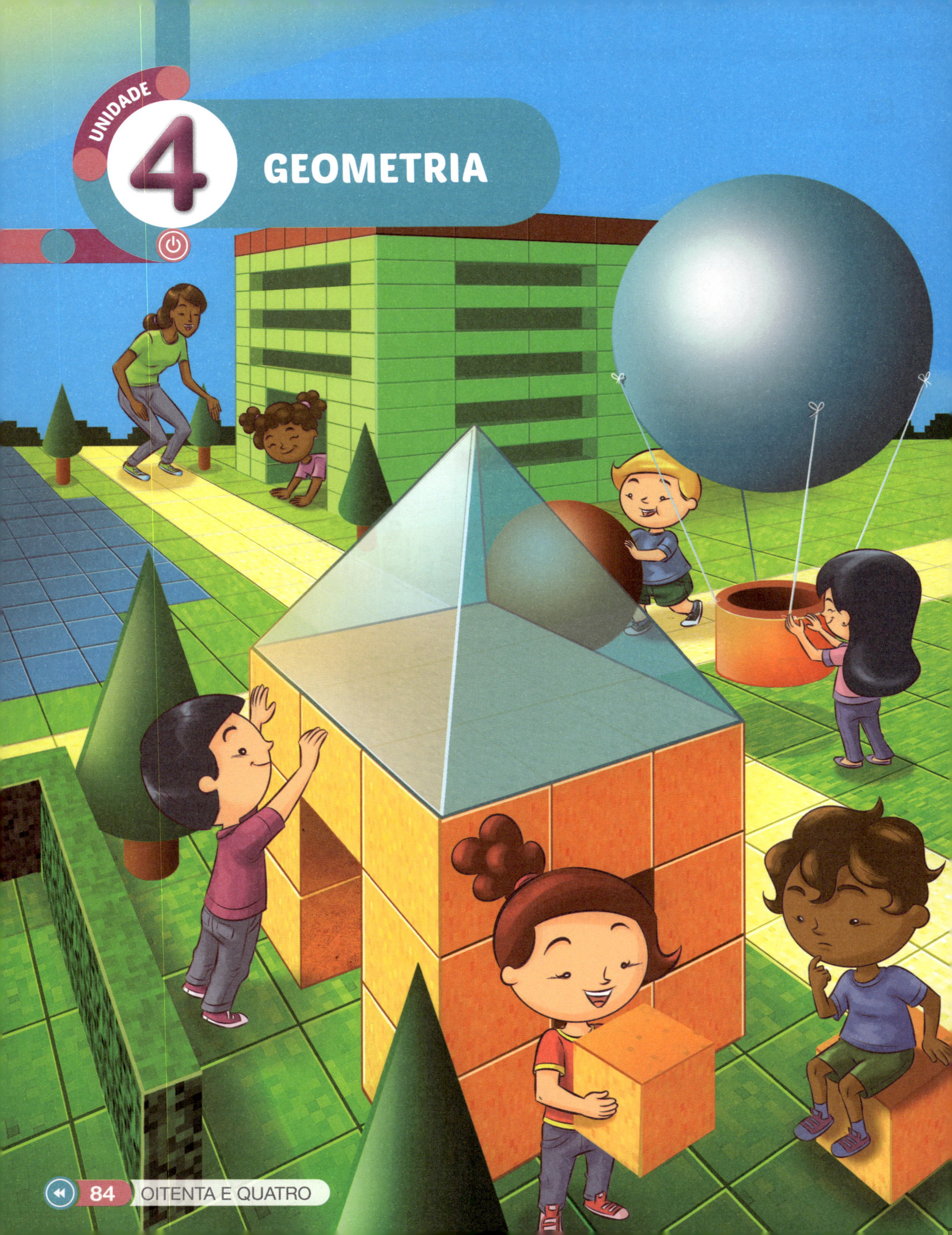

UNIDADE 4

GEOMETRIA

FIGURAS GEOMÉTRICAS

OBJETOS QUE LEMBRAM FIGURAS GEOMÉTRICAS

1 EM MUITOS LUGARES, PODEMOS OBSERVAR OBJETOS QUE LEMBRAM FIGURAS GEOMÉTRICAS NÃO PLANAS.

OBSERVE AS IMAGENS A SEGUIR.

QUARTO DE
UMA CRIANÇA.

REFEIÇÃO
SAUDÁVEL.

BANCOS EM
UM JARDIM.

- PENSE NOS AMBIENTES E NOS OBJETOS DE SUA ESCOLA. DEPOIS, DESENHE NO ESPAÇO ABAIXO OS QUE LEMBRAM AS FIGURAS GEOMÉTRICAS DESTACADAS NAS FOTOS ACIMA.

2 PINTE DA MESMA COR OS OBJETOS QUE LEMBRAM A MESMA FIGURA GEOMÉTRICA NÃO PLANA.

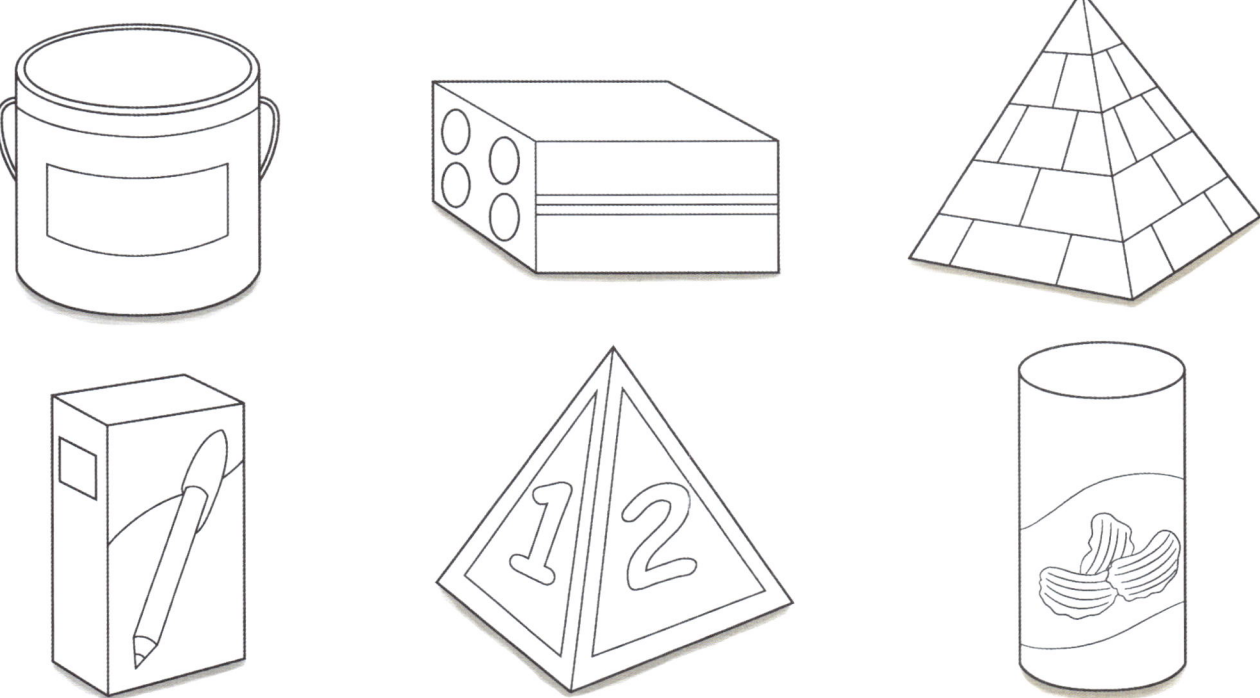

3 OBSERVE A COLEÇÃO DE COPOS DE MAURO. MARQUE COM UM **X** O COPO QUE NÃO SE PARECE COM TODOS OS OUTROS.

4 CIBELE EMBRULHOU ALGUNS PRESENTES COM PAPÉIS COLORIDOS. CONTORNE A EMBALAGEM QUE MAIS PARECE CONTER UMA BOLA DE BASQUETE.

DOMINÓ GEOMÉTRICO

MATERIAL: 28 PEÇAS DA FICHA 8.

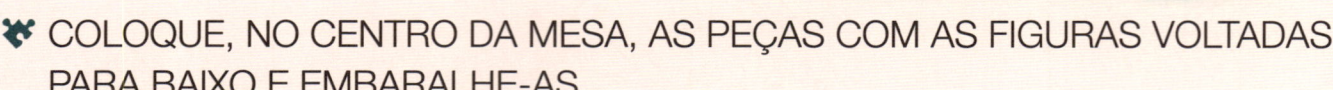

EDSON FARIAS

JOGADORES: 2, 3 OU 4.

REGRAS:

❧ COLOQUE, NO CENTRO DA MESA, AS PEÇAS COM AS FIGURAS VOLTADAS PARA BAIXO E EMBARALHE-AS.

❧ CADA JOGADOR PEGA 6 PEÇAS E NÃO DEIXA OS OUTROS JOGADORES VEREM AS FIGURAS. AS DEMAIS PEÇAS FICAM DE RESERVA.

❧ O JOGADOR QUE TIVER A PEÇA COM DUAS FIGURAS IDÊNTICAS (DUPLA) INICIA A PARTIDA COLOCANDO A PEÇA SOBRE A MESA. CASO HAJA MAIS DE UM JOGADOR NESSA CONDIÇÃO, DEVE-SE ESCOLHER UM DELES PARA DAR INÍCIO. SE NENHUM JOGADOR TIVER UMA PEÇA DUPLA, ESCOLHE-SE ALGUÉM PARA COMEÇAR COM QUALQUER PEÇA DE SUA MÃO.

❧ O PRÓXIMO JOGADOR DEVE COLOCAR UMA PEÇA DELE EM UMA DAS EXTREMIDADES DA SEQUÊNCIA DE PEÇAS QUE FORMAM O JOGO QUE ESTÁ SOBRE A MESA. PELO MENOS UMA FIGURA DA PEÇA COLOCADA DEVE SER IDÊNTICA À DA EXTREMIDADE ESCOLHIDA.

❧ SE O JOGADOR DA RODADA NÃO TIVER UMA PEÇA COM A FIGURA IDÊNTICA PARA COLOCAR NO JOGO, DEVERÁ PEGAR UMA PEÇA DA RESERVA ATÉ QUE CONSIGA UMA QUE SIRVA. CASO NÃO CONSIGA E AS PEÇAS DESSA RESERVA ACABEM, PASSARÁ A VEZ PARA O PRÓXIMO JOGADOR.

❧ VENCE O PRIMEIRO JOGADOR QUE ENCAIXAR TODAS AS PEÇAS QUE TIVER NAS MÃOS OU O QUE TIVER MENOS PEÇAS SE O JOGO TRAVAR, OU SEJA, QUANDO NÃO EXISTIREM MAIS PEÇAS DISPONÍVEIS PARA SEREM COLOCADAS NO JOGO.

VEJA SE ENTENDEU

OBSERVE ESTE JOGO.

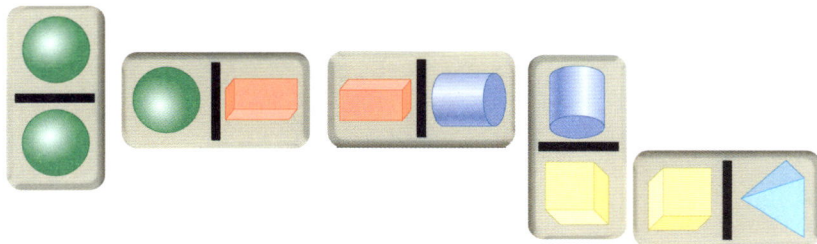

- QUAL PEÇA VOCÊ ACHA QUE FOI COLOCADA PRIMEIRO? E POR ÚLTIMO?

- A ÚLTIMA PEÇA FOI COLOCADA CORRETAMENTE NA SEQUÊNCIA DO JOGO?

DEPOIS DE JOGAR

1 VEJA COMO ESTÁ O JOGO. É A VEZ DE JOÃO JOGAR.

- AGORA, OBSERVE AS PEÇAS DE JOÃO E CONTORNE CADA UMA DAS PEÇAS QUE ELE PODE COLOCAR NO JOGO ACIMA.

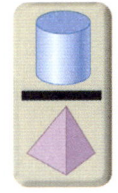   

2 DEPOIS DE JOÃO, É A VEZ DE CARLA JOGAR. VEJA AO LADO A PEÇA QUE ELA QUER ENCAIXAR NO JOGO DA ATIVIDADE ANTERIOR.

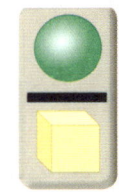

- É POSSÍVEL CARLA ENCAIXAR ESSA PEÇA? POR QUÊ?

FIGURAS GEOMÉTRICAS NÃO PLANAS

1 LIGUE CADA OBJETO À FIGURA GEOMÉTRICA COM A QUAL ELE MAIS SE PARECE.

CUBO

CONE

ESFERA

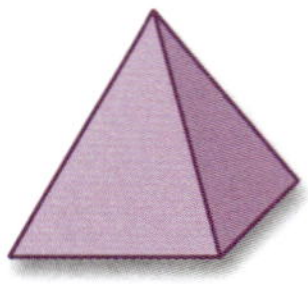

PIRÂMIDE

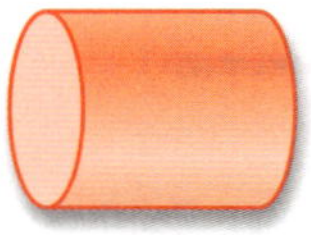

CILINDRO

PARALELEPÍPEDO

OS OBJETOS NESTA PÁGINA NÃO ESTÃO APRESENTADOS EM ESCALA DE TAMANHO.

2 GUSTAVO USA ALGUMAS EMBALAGENS PARA BRINCAR DE CONSTRUÇÃO.

- COMPLETE NA IMAGEM ABAIXO A QUANTIDADE DE EMBALAGENS DE CADA TIPO USADA NA CONSTRUÇÃO DE GUSTAVO.

- MARQUE COM UM **X** A EMBALAGEM QUE GUSTAVO USOU MAIS VEZES NA CONSTRUÇÃO.

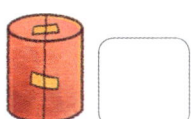      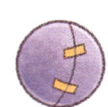      

3 QUANTAS PEÇAS VISÍVEIS HÁ EM CADA PILHA?

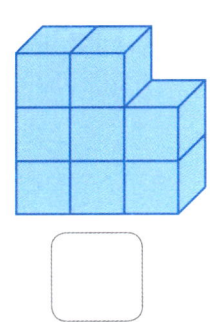   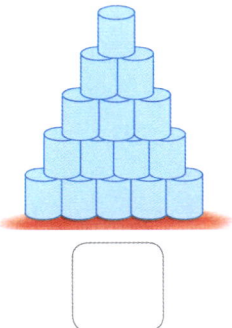   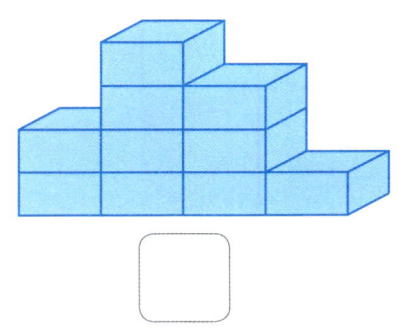

ILUSTRAÇÕES: EDSON FARIAS

ERICSON GUILHERME LUCIANO

4 OBSERVE AS PEÇAS DO JOGO DE CLARA.

- QUAL DOS CASTELOS ABAIXO CLARA PODE MONTAR COM TODAS AS PEÇAS DE SEU JOGO? MARQUE COM UM **X**.

5 OBSERVE ESTA SEQUÊNCIA DE FIGURAS.

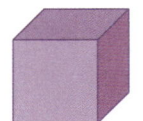   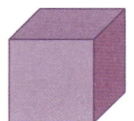  

- AGORA, MARQUE COM UM **X** A PRÓXIMA FIGURA DESSA SEQUÊNCIA.

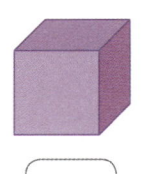  

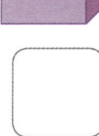 

FIGURAS GEOMÉTRICAS PLANAS

1 PINTE UM QUADRINHO PARA CADA FIGURA QUE VOCÊ VÊ NO DESENHO.

2 LIGUE CADA OBJETO À FIGURA GEOMÉTRICA PLANA COM A QUAL ELE MAIS SE PARECE.

QUADRADO

CÍRCULO

TRIÂNGULO

RETÂNGULO

OS OBJETOS NESTA ATIVIDADE NÃO ESTÃO APRESENTADOS EM ESCALA DE TAMANHO.

3 OBSERVE ESTAS PÁGINAS DE UM ÁLBUM DE FIGURINHAS.

- NUMERE AS FIGURINHAS A SEGUIR DE ACORDO COM O NÚMERO QUE INDICA O LOCAL EM QUE CADA FIGURINHA DEVE SER COLADA.

4 MARQUE COM UM **X** TODOS OS NOMES DAS FIGURAS GEOMÉTRICAS PLANAS QUE ESTÃO REPRESENTADAS NO DESENHO DO ROBÔ ABAIXO.

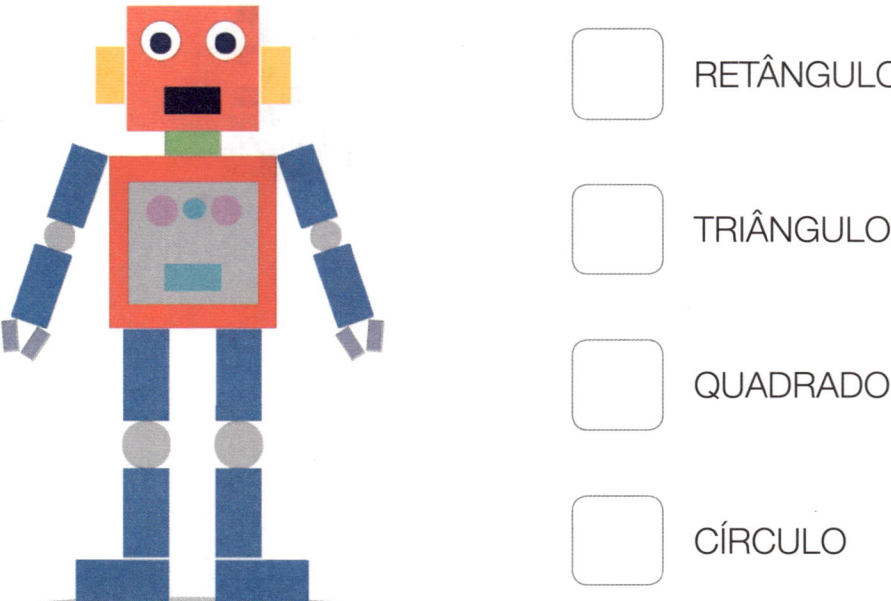

RETÂNGULO

TRIÂNGULO

QUADRADO

CÍRCULO

5 DESTAQUEM OS MOLDES QUE ESTÃO NAS FICHAS 9 E 10 PARA MONTAR OS MODELOS DE UM CUBO E DE UM PARALELEPÍPEDO.

- OBSERVEM NOS MODELOS MONTADOS REPRESENTAÇÕES DAS FIGURAS GEOMÉTRICAS PLANAS.

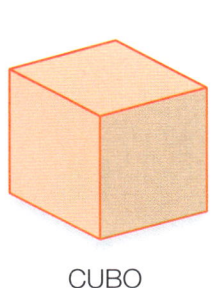

CUBO

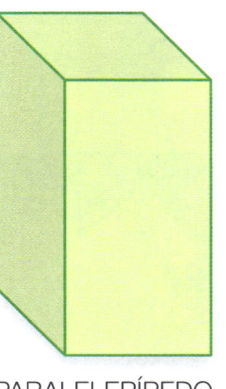

PARALELEPÍPEDO

 • AGORA, DIGAM AS CARACTERÍSTICAS IGUAIS E AS DIFERENTES QUE VOCÊS PERCEBERAM.

6 OBSERVE AS PINTINHAS NA JOANINHA REPRESENTADA AO LADO. QUAL FIGURA GEOMÉTRICA PLANA ELAS LEMBRAM?

7 OBSERVE A CAIXA QUE LAURA ESTÁ CONTORNANDO.

 • NA CENA DA DIREITA, ELA MUDOU A POSIÇÃO DA CAIXA. DESENHE AO LADO A FIGURA QUE VOCÊ ACHA QUE VAI APARECER.

FIGURAS PLANAS E ARTE

1 MUITOS ARTISTAS REPRESENTAM FIGURAS GEOMÉTRICAS PLANAS EM SUAS OBRAS. OBSERVE, POR EXEMPLO, ESTA PINTURA DE MAX BILL.

MUSEU DE BELAS ARTES, ZURIQUE – ©BILL, MAX/AUTVIS, BRASIL, 2018

KONSTRUKTION UM DAS THEMA 3-4-5,
DE MAX BILL, 1980.

• NA OBRA DE ARTE HÁ:

_____

_____

_____

_____

2 AGORA, É A SUA VEZ DE SER ARTISTA! FAÇA UMA OBRA DE ARTE USANDO AS FIGURAS PLANAS QUE VOCÊ JÁ CONHECE E MOSTRE AOS SEUS COLEGAS.

3 MUITOS ARTISTAS USAM FIGURAS GEOMÉTRICAS PLANAS EM SUAS OBRAS. OBSERVE, POR EXEMPLO, ESTA REPRODUÇÃO DE UMA PINTURA DE PAUL KLEE.

VELEIROS, DE PAUL KLEE, 1927. LÁPIS E AQUARELA SOBRE PAPELÃO, 22,8 × 30,2 cm.

- QUANTAS FIGURAS PARECIDAS COM △ VOCÊ VÊ?

4 VEJA AO LADO O CÍRCULO QUE JOÃO DESENHOU.

- MARQUE COM UM **X** O OBJETO QUE ELE PODE TER USADO COMO MOLDE PARA FAZER ESSE DESENHO.

CÍRCULO

OS OBJETOS NESTA ATIVIDADE NÃO ESTÃO APRESENTADOS EM ESCALA DE TAMANHO.

TANGRAM

1 VOCÊ CONHECE O *TANGRAM*? ELE É UM QUEBRA-CABEÇA QUE FOI CRIADO NA CHINA HÁ MUITO TEMPO.

O *TANGRAM* É FORMADO POR 7 PEÇAS:

- JUNTAS, AS 7 PEÇAS NO DESENHO AO LADO ESTÃO COMPONDO UMA FIGURA GEOMÉTRICA PLANA. MARQUE COM UM **X** O NOME DESSA FIGURA.

☐ QUADRADO.　　☐ TRIÂNGULO.

 2 USANDO OS 2 TRIÂNGULOS MENORES DO *TANGRAM* DA FICHA 11, DESCUBRA COMO COMPOR CADA UMA DAS FIGURAS ABAIXO. DEPOIS, REGISTRE SUAS COMPOSIÇÕES.

Reprodução proibida. Art. 184 do Código Penal e Lei 9.610 de 19 de fevereiro de 1998.

3 UTILIZANDO TODAS AS PEÇAS DO *TANGRAM* DA FICHA 11, MONTE AS SEGUINTES FIGURAS.

ATIVIDADE
TANGRAM

ILUSTRAÇÕES: ADILSON SECCO

- USE AS PEÇAS PARA MONTAR UMA NOVA FIGURA. DEPOIS, MOSTRE AOS SEUS COLEGAS.

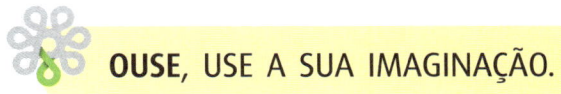
OUSE, USE A SUA IMAGINAÇÃO.

TEMA 2

LOCALIZAÇÃO E DESLOCAMENTO

LOCALIZAÇÃO

1 OBSERVE SUA SALA DE AULA E RESPONDA ÀS QUESTÕES.

- O QUE HÁ NA SUA FRENTE?

- À SUA DIREITA, O QUE VOCÊ VÊ?

2 QUANDO VOCÊ ESTÁ SENTADO NO SOFÁ DA SALA DE SUA CASA, A TELEVISÃO FICA ATRÁS DE VOCÊ OU NA SUA FRENTE?

3 RODRIGO VAI ARRUMAR A COZINHA. NO ARMÁRIO EM CIMA DA PIA, SERÃO GUARDADOS OS PRATOS, COPOS E POTES E, NO ARMÁRIO EMBAIXO DA PIA, SERÃO GUARDADAS AS PANELAS E ASSADEIRAS.

- AJUDE RODRIGO RESPONDENDO ONDE ESTÁ O ARMÁRIO EM QUE CADA OBJETO A SEGUIR DEVE SER GUARDADO: EM CIMA OU EMBAIXO DA PIA?

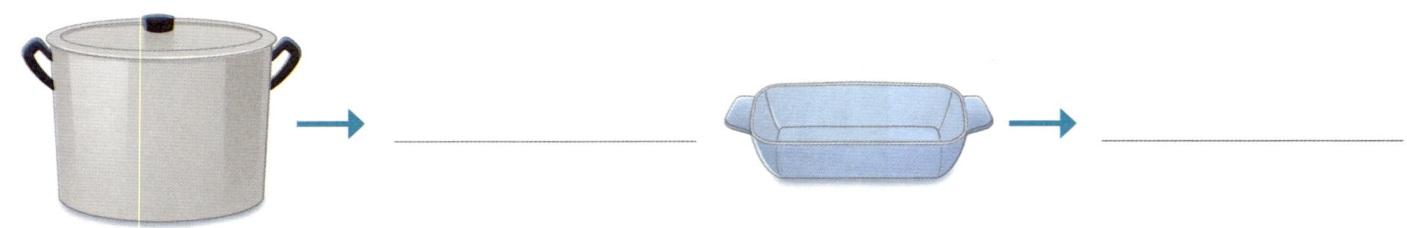

ILUSTRAÇÕES: EDSON FARIAS

4 CARLOS E LIA ESTÃO BRINCANDO DE JOGO DA VELHA. AS PEÇAS DE CARLOS LEMBRAM QUADRADOS, E AS DE LIA, TRIÂNGULOS.

- É A VEZ DE LIA JOGAR. MARQUE COM UM **X** NO TABULEIRO AO LADO, O LOCAL ONDE LIA DEVE COLOCAR UMA PEÇA PARA QUE CARLOS NÃO GANHE ESSA PARTIDA.

5 EM UM JOGO DE DAMAS, AS PEÇAS PODEM SER DESLOCADAS NA DIAGONAL (SENTIDO INCLINADO) PARA A FRENTE OU PARA TRÁS, PARA A DIREITA OU PARA A ESQUERDA, SE FOR PARA CAPTURAR AS PEÇAS DO ADVERSÁRIO.

- OBSERVE O TABULEIRO ABAIXO. DESCREVA O TRAJETO QUE A PEÇA INDICADA PELA SETA AZUL DEVE FAZER PARA CAPTURAR A MAIOR QUANTIDADE DE PEÇAS VERMELHAS.

- MARQUE COM UM **X**, NO TABULEIRO ABAIXO, O LOCAL ONDE ESSA PEÇA VAI PARAR DEPOIS DE CAPTURAR A MAIOR QUANTIDADE DE PEÇAS VERMELHAS.

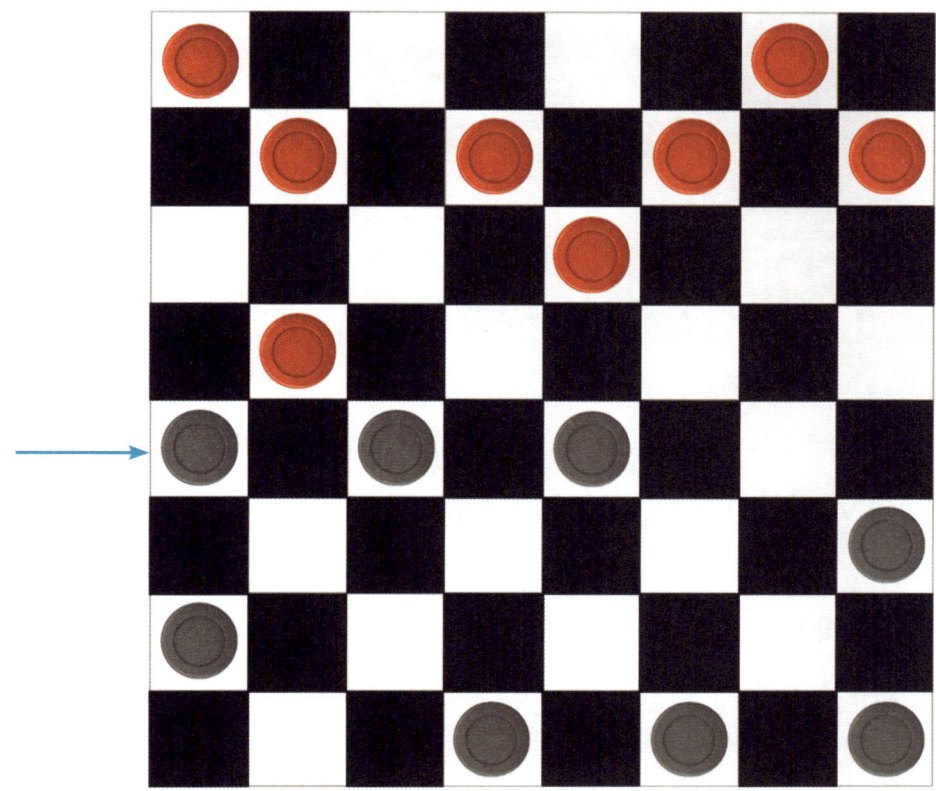

ILUSTRAÇÕES: EDSON FARIAS

DESLOCAMENTO

OBSERVE UMA PARTE DO BAIRRO ONDE JOANA MORA.

MERCADO

PADARIA

CLUBE

ESCOLA DE INGLÊS

CASA DE JOANA

- TRACE UM CAMINHO DA CASA DE JOANA ATÉ O CLUBE.

ATIVIDADE
PROGRAMANDO O CAMINHO

- TRACE UM CAMINHO DO CLUBE ATÉ A PADARIA.

- TRACE O CAMINHO MAIS CURTO DO MERCADO ATÉ A ESCOLA DE INGLÊS.

- EXISTE APENAS UM CAMINHO PARA IR DA CASA DE JOANA ATÉ O CLUBE?

CÁLCULO MENTAL

1 DESCUBRA A REGRA E DESENHE AS PRÓXIMAS CINCO FIGURAS EM CADA CASO.

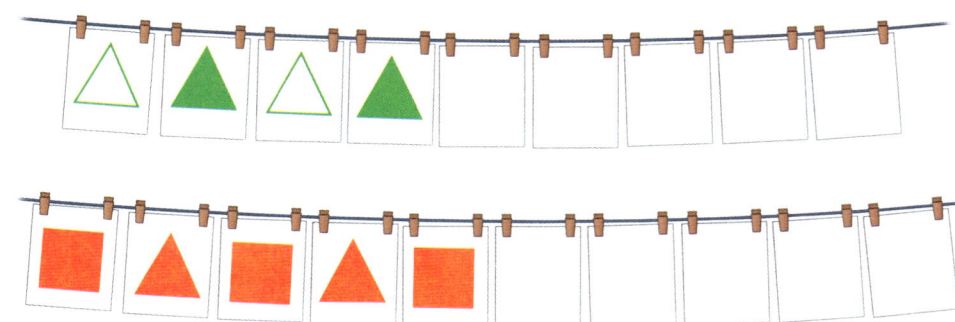

2 OBSERVE AS PEÇAS CARREGADAS PELOS VAGÕES DOS TRENZINHOS PARA DESCOBRIR QUAIS SÃO AS QUE ESTÃO ESCONDIDAS EM CADA TÚNEL. DEPOIS, DESENHE-AS.

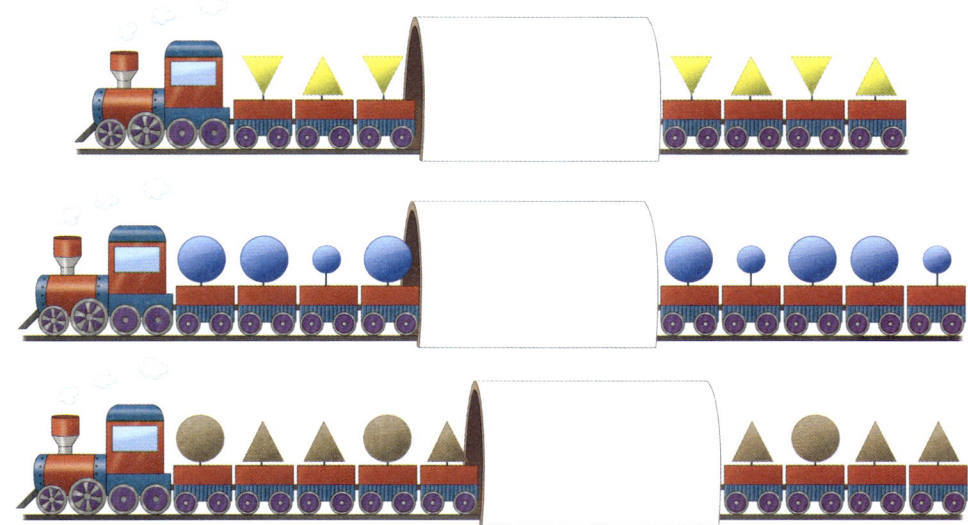

3 OBSERVE A SEQUÊNCIA DE FIGURAS. A REGRA DELA ESTÁ CONTORNADA DE AZUL.

- AGORA, DESENHE APENAS A FIGURA QUE OCUPARÁ A 10ª POSIÇÃO DESSA SEQUÊNCIA.

- DEPOIS, CONTE AOS COLEGAS E AO PROFESSOR COMO VOCÊ FEZ PARA DESCOBRIR A RESPOSTA.

ORGANIZAR INFORMAÇÕES EM TABELAS

1 ADELAIDE É SÍNDICA DO PRÉDIO EM QUE MORA E FEZ UMA PESQUISA PARA SABER QUAIS AS FLORES PREFERIDAS DOS MORADORES PARA COLOCAR EM UM CANTEIRO QUE SERÁ CONSTRUÍDO NA ENTRADA DO PRÉDIO. OBSERVE AS ANOTAÇÕES SOBRE A VOTAÇÃO.

MARGARIDA	▧▧▧	LÍRIO	▧▧
AZALEIA	▧▧▧▢	ROSA	▧▧▧▧

- AGORA, LIGUE CADA TIPO DE FLOR À QUANTIDADE DE VOTOS RECEBIDOS.

LÍRIO   10

ROSA   18

MARGARIDA   20

AZALEIA   15

- COMPLETE A TABELA ABAIXO COM A QUANTIDADE DE VOTOS RECEBIDOS POR CADA TIPO DE FLOR.

FLORES PARA O CANTEIRO

TIPO DE FLOR	🌼	🌹	🌷	🌸
QUANTIDADE DE VOTOS				

FONTE: PESQUISA DE ADELAIDE EM SET. 2018.

2 LAÍS E EDUARDO GANHARAM UM JOGO COM REPRESENTAÇÕES DE FIGURAS GEOMÉTRICAS COM 10 CUBOS, 8 ESFERAS, 5 PIRÂMIDES, 20 CILINDROS, 12 CONES E 15 PARALELEPÍPEDOS.

● COMPLETE A TABELA DE ACORDO COM A QUANTIDADE DE REPRESENTAÇÕES DE CADA FIGURA GEOMÉTRICA DO JOGO.

QUANTIDADE DE FIGURAS GEOMÉTRICAS

FIGURA GEOMÉTRICA						
QUANTIDADE						

FONTE: CAIXA DO JOGO EM DEZ. 2018.

ERICSON GUILHERME LUCIANO

● QUAL É A COR DA FIGURA GEOMÉTRICA QUE TEM MENOS

REPRESENTAÇÕES? _____

● QUAL FIGURA POSSUI EXATAMENTE 1 DEZENA DE REPRESENTAÇÕES? E QUANTAS DEZENAS SÃO AS REPRESENTAÇÕES DOS CILINDROS?

_____

3 RAUL FEZ UMA PESQUISA NO BAIRRO SOBRE QUE BRINQUEDOS DEVEM SER COLOCADOS NA PRACINHA. O ESCORREGADOR RECEBEU 28 VOTOS, O BALANÇO FICOU COM 30 VOTOS, O GIRA-GIRA TEVE 25 VOTOS E A GANGORRA, 11 VOTOS.

● COMPLETE A TABELA DE ACORDO COM A QUANTIDADE DE VOTOS DE CADA BRINQUEDO NA PESQUISA DE RAUL.

RESULTADO DA PESQUISA

BRINQUEDO	BALANÇO	ESCORREGADOR		GIRA-GIRA
QUANTIDADE DE VOTOS			11	

FONTE: PESQUISA DE RAUL EM JUN. 2018.

 ● NA PRACINHA SÓ CABEM TRÊS BRINQUEDOS. QUAL DELES É O MELHOR PARA SER DESCARTADO? EXPLIQUE POR QUÊ.

O QUE VOCÊ APRENDEU

1 OBSERVE AS VELAS DECORATIVAS QUE ANDRÉ COMPROU.

- MARQUE COM UM **X** A ALTERNATIVA EM QUE CONSTAM OS NOMES DAS FIGURAS GEOMÉTRICAS NÃO PLANAS COM QUE ESSAS VELAS RESPECTIVAMENTE SE PARECEM.

☐ PIRÂMIDE; PARALELEPÍPEDO; CILINDRO

☐ CILINDRO; CUBO; ESFERA

☐ CILINDRO; PIRÂMIDE; CUBO

2 CAROLINA FEZ ESTE PAINEL PARA ENFEITAR O QUARTO DELA.

- QUAL É A FIGURA GEOMÉTRICA PLANA QUE CAROLINA DESENHOU E PINTOU VÁRIAS VEZES NESSE PAINEL?

☐

3 CONTORNE CADA UMA DAS FIGURAS GEOMÉTRICAS NÃO PLANAS REPRESENTADAS A SEGUIR.

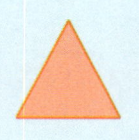  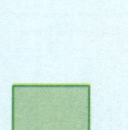   

4 FABIANA FEZ O CONTORNO DE TRÊS FIGURAS EM UMA MALHA PONTILHADA.

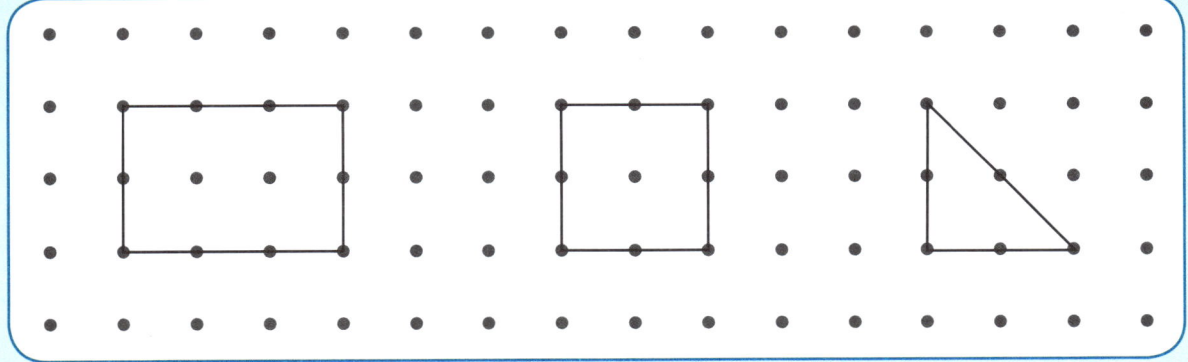

● REPRODUZA, NA MALHA PONTILHADA ABAIXO, OS CONTORNOS DAS FIGURAS QUE FABIANA FEZ. DEPOIS, PINTE CADA FIGURA COM UMA COR DIFERENTE.

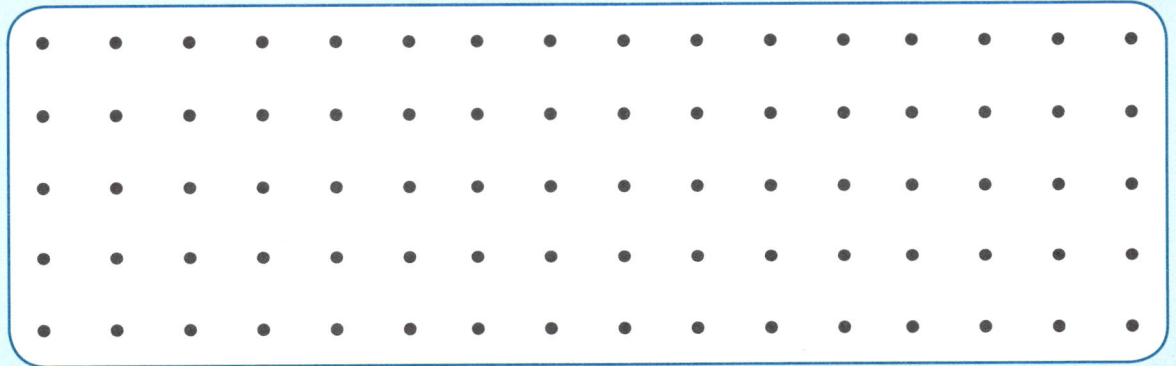

● QUAIS FIGURAS GEOMÉTRICAS PLANAS VOCÊ REPRODUZIU?

QUEBRA-CUCA

ANALISE A SEQUÊNCIA DE FIGURAS ABAIXO.

● QUAIS SÃO AS TRÊS PRÓXIMAS FIGURAS QUE PODEM CONTINUAR A SEQUÊNCIA ACIMA? MARQUE COM UM **X**.

UNIDADE 5

VAMOS CONTAR MAIS

CENÁRIO: SUZETE ARMANI/PERSONAGENS: ARTUR FUJITA

NÚMEROS

1 CARINA, JÚLIA E LUANA QUEREM COMPRAR UM QUEBRA-CABEÇA QUE CUSTA 28 REAIS. CADA UMA ECONOMIZOU 10 REAIS. SE ELAS JUNTAREM ESSAS QUANTIAS ECONOMIZADAS, CONSEGUIRÃO COMPRAR O QUEBRA-CABEÇA?

☐ SIM   ☐ NÃO

2 DESCUBRA O "SEGREDO" DAS SEQUÊNCIAS E COMPLETE-AS.

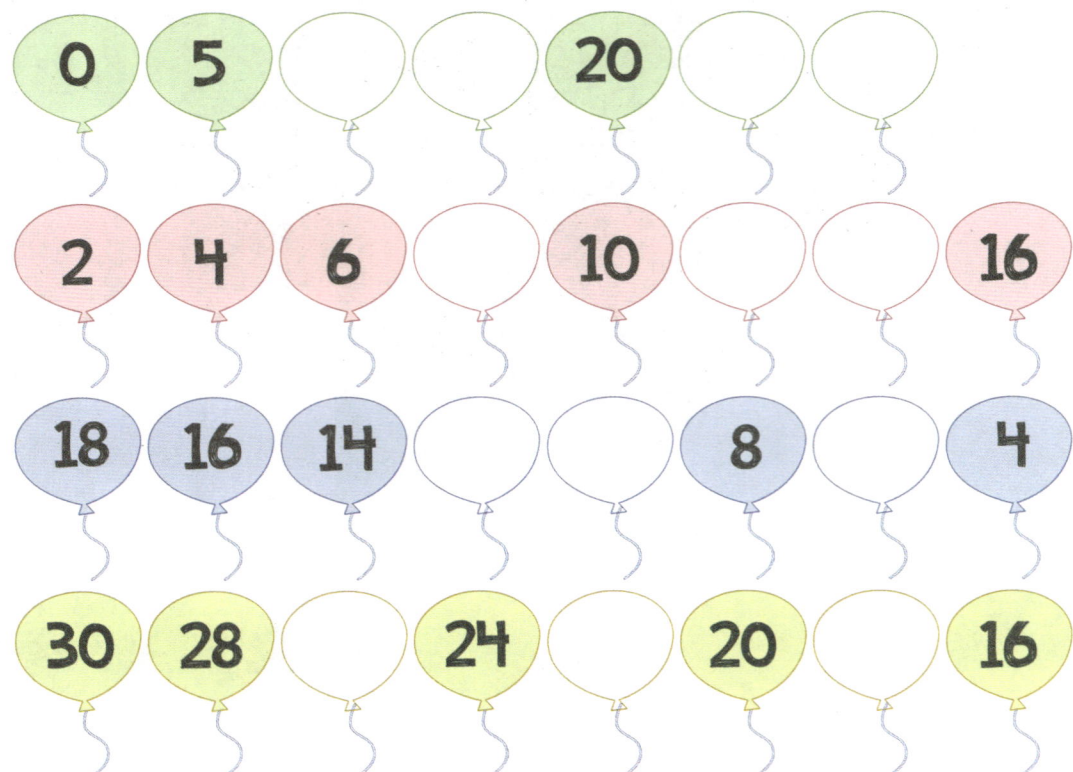

0   5   ☐   ☐   20   ☐   ☐

2   4   6   ☐   10   ☐   ☐   16

18   16   14   ☐   ☐   8   ☐   4

30   28   ☐   24   ☐   20   ☐   16

3 AUGUSTO FEZ 3 DEZENAS DE BRIGADEIROS E 12 CAJUZINHOS. QUANTOS BRIGADEIROS ELE FEZ A MAIS QUE CAJUZINHOS?

AUGUSTO FEZ _____ BRIGADEIROS A MAIS QUE CAJUZINHOS.

4 VAMOS CONTAR.

• HÁ QUANTOS PALITOS?

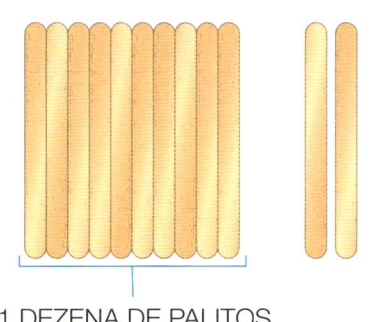

1 DEZENA DE PALITOS

_____1_____ DEZENA MAIS _____ UNIDADES

_____ + ____2____ = _____

HÁ _____ (DOZE) PALITOS (OU **UMA DÚZIA** DE PALITOS).

• HÁ QUANTOS COPOS?

_____ DEZENAS MAIS _____ UNIDADES.

___30___ + _____ = ___36___

HÁ _____ (TRINTA E SEIS) COPOS OU _____ DÚZIAS DE COPOS.

5 OBSERVE AS 4 CÉDULAS DE 10 REAIS E COMPLETE.

_____ CÉDULAS DE 10 REAIS FORMAM ___40___ REAIS.

4 DEZENAS É IGUAL A _____ (QUARENTA) UNIDADES.

ILUSTRAÇÕES: EDDE WAGNER

FOTOS: BANCO CENTRAL DO BRASIL

6 COMPLETE O QUADRO.

ÁBACO

41	QUARENTA E _____	45	QUARENTA E CINCO
_____	QUARENTA E DOIS	46	QUARENTA E _____
_____	QUARENTA E TRÊS	47	QUARENTA E _____
44	QUARENTA E _____	48	QUARENTA E OITO

7 EM CADA CAIXA, HÁ 10 LARANJAS.

- HÁ QUANTAS LARANJAS NO TOTAL?

$$\boxed{} + \boxed{} + \boxed{} + \boxed{} + \boxed{} = \boxed{50}$$

5 DEZENAS É IGUAL A _____ (CINQUENTA) UNIDADES.

8 DESENHE OS CHAPÉUS QUE FALTAM PARA COMPLETAR 35 (TRINTA E CINCO).

GEORGE TUTUMI

EDDE WAGNER

9 FAÇA A CORRESPONDÊNCIA CORRETA.

41		5 DEZENAS
35		4 DEZENAS MAIS 1 UNIDADE
50		3 DEZENAS MAIS 5 UNIDADES

10 ESCREVA OS NÚMEROS QUE ESTÃO ENTRE O NÚMERO 45 E O NÚMERO 50.

_____

11 RESPONDA ÀS PERGUNTAS DE MÁRCIA.

ATIVIDADE
QUANTIDADES

TINHA 25 REAIS E GANHEI MAIS 10 REAIS DA MINHA MÃE. COM QUANTOS REAIS FIQUEI? QUAL BRINQUEDO DA VITRINE POSSO COMPRAR COM ESSA QUANTIA?

49 REAIS

33 REAIS

44 REAIS

38 REAIS

50 REAIS

VAMOS JOGAR?

DESAFIO DA SELVA

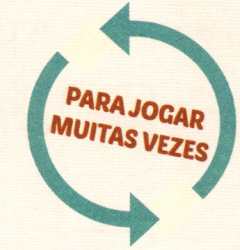

PARA JOGAR MUITAS VEZES

MATERIAL: TABULEIRO B, MARCADORES E DADO DA FICHA 12.

JOGADORES: 2 OU 3.

REGRAS:

❧ CADA JOGADOR POSICIONA SEU MARCADOR NA CASA DE NÚMERO 1.

❧ OS JOGADORES DECIDEM QUEM VAI COMEÇAR.

❧ QUEM COMEÇA LANÇA O DADO E ANDA COM SEU MARCADOR O NÚMERO DE CASAS INDICADO NO DADO.

❧ CONFORME FOR PERCORRENDO A TRILHA, CADA JOGADOR DEVE LIDAR COM AS VANTAGENS E AS DESVANTAGENS DOS OBSTÁCULOS.

❧ GANHA QUEM CHEGAR PRIMEIRO À CASA DE NÚMERO 40.

VEJA SE ENTENDEU

OBSERVE O MARCADOR DE TIAGO NO TABULEIRO E OS PONTOS QUE ELE ACABOU DE TIRAR NO DADO.

MARCADOR DE TIAGO

3

- EM QUAL CASA O MARCADOR DE TIAGO VAI PARAR NESSA JOGADA?

Reprodução proibida. Art. 184 do Código Penal e Lei 9.610 de 19 de fevereiro de 1998.

DEPOIS DE JOGAR

OBSERVE ONDE ESTÁ O MARCADOR DE CADA JOGADOR.

- O MARCADOR DE  ESTÁ NA CASA DE NÚMERO 16. SE ELA AVANÇAR

3 CASAS, EM QUAL CASA VAI PARAR?

- QUANTOS PONTOS PRECISA SORTEAR NO DADO PARA GANHAR

O JOGO?

- O MARCADOR DE ESTAVA NA CASA 14. PARA CHEGAR À CASA 17,

QUANTOS PONTOS ELE TIROU NO DADO?

ILUSTRAÇÕES: JOSÉ LUÍS JUHAS

DE 10 EM 10 ATÉ 100

1. QUAL É O ESPORTE QUE RODOLFO PRATICA? MARQUE COM UM **X**.
PARA SABER, SEMPRE ACRESCENTE 10, PARTINDO DO 0 (ZERO),
E PINTE OS NÚMEROS QUE DESCOBRIR.

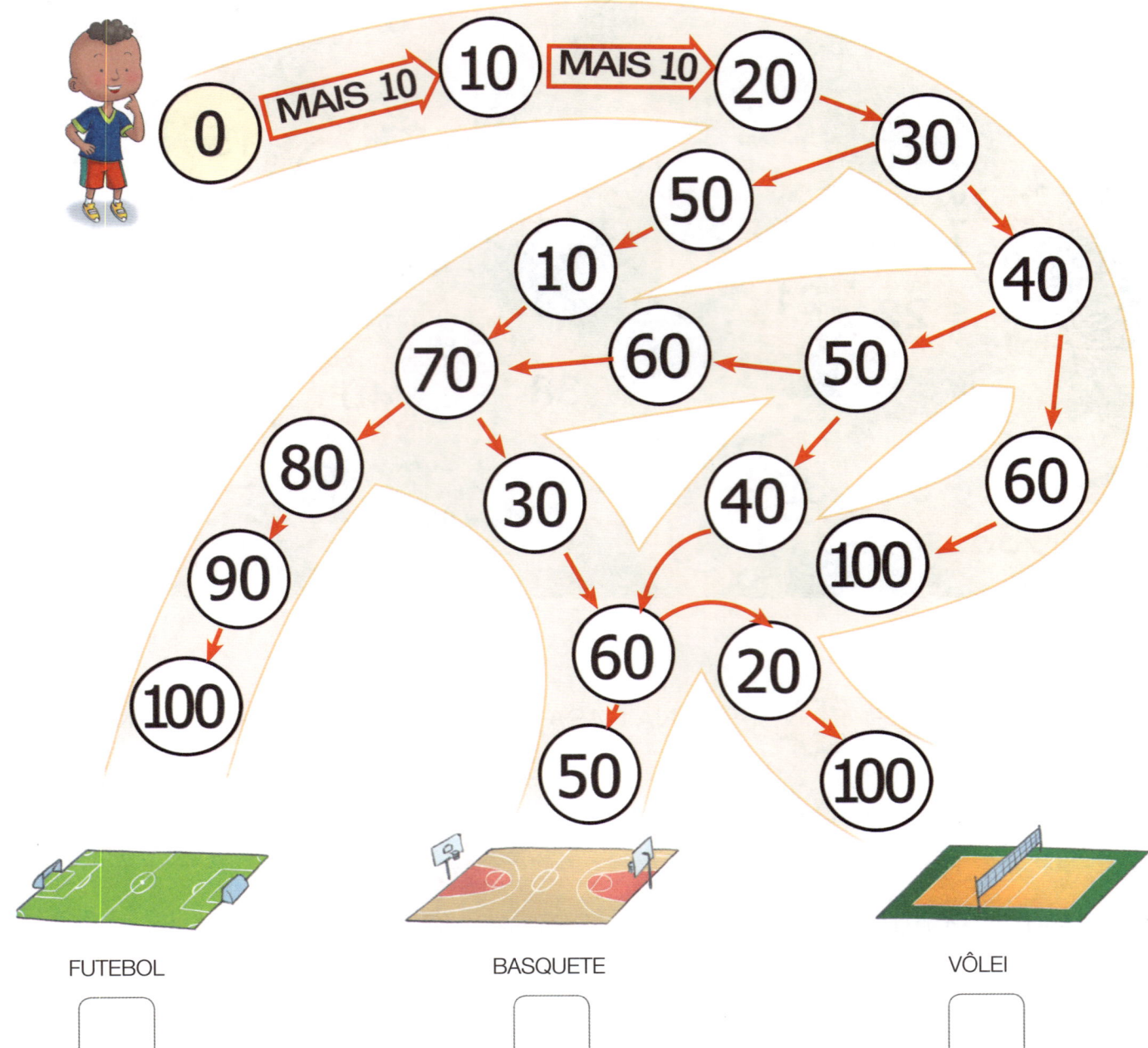

FUTEBOL

BASQUETE

VÔLEI

• AGORA, REPRODUZA A SEQUÊNCIA DE NÚMEROS QUE VOCÊ PINTOU.

0										

2 DESENHE AS BOLAS QUE FALTAM PARA COMPLETAR 10 (DEZ UNIDADES OU 1 DEZENA) EM CADA UMA DAS PRATELEIRAS DA ESTANTE ABAIXO.

LUCIANA VASCONCELOS

AGORA QUE VOCÊ COMPLETOU AS PRATELEIRAS, RESPONDA:

- QUANTAS BOLAS HÁ EM 2 PRATELEIRAS CHEIAS?

- QUANTAS BOLAS HÁ EM 5 PRATELEIRAS CHEIAS?

- QUANTAS BOLAS HÁ EM TODA A ESTANTE?

3 OS NÚMEROS NA LOUSA ESTÃO DESORGANIZADOS.

80   60   100

30   50   10

CLAUDIO CHIYO

- ORGANIZE-OS ABAIXO, ESCREVENDO DO MAIOR PARA O MENOR.

4 CONTORNE GRUPOS DE 10 ELEMENTOS.

- QUANTAS DEZENAS VOCÊ CONTORNOU? ☐

- QUANTOS ELEMENTOS HÁ AO TODO? ☐

5 LORENZO FEZ COMPOTAS DE FRUTAS E COLOCOU EM POTES. PARA FAZER CADA COMPOTA, ELE USOU 10 FRUTAS.

- QUANTAS COMPOTAS LORENZO FEZ? ☐

- QUANTAS DEZENAS DE FRUTAS LORENZO USOU AO TODO? ☐

- QUANTAS FRUTAS LORENZO USOU AO TODO? ☐

6 ROBERTA COMPROU 8 PACOTES DE FIGURINHAS COM 5 FIGURINHAS CADA UM PARA COLAR EM SEU ÁLBUM.

- QUANTAS FIGURINHAS ROBERTA COMPROU AO TODO?

ROBERTA COMPROU AO TODO _____ FIGURINHAS.

- EM CADA PÁGINA DO ÁLBUM, CABEM 10 FIGURINHAS. QUANTAS PÁGINAS ROBERTA PODE COMPLETAR COM AS FIGURINHAS COMPRADAS?

ROBERTA PODE COMPLETAR _____ PÁGINAS.

- QUANTAS DEZENAS DE FIGURINHAS ROBERTA COMPROU?

ROBERTA COMPROU _____ DEZENAS DE FIGURINHAS.

7 COMPLETE A SEQUÊNCIA ABAIXO SABENDO QUE SEUS NÚMEROS DIMINUEM DE 10 EM 10.

90	80		60				

- QUAL É O MENOR NÚMERO DESSA SEQUÊNCIA? ☐

NÚMEROS NO COTIDIANO

ANALISANDO E CALCULANDO

ATIVIDADE
OS NÚMEROS E O NOSSO DINHEIRO

1 DURANTE ALGUMAS SEMANAS, QUATRO AMIGOS ECONOMIZARAM DINHEIRO. VAMOS DESCOBRIR QUANTOS REAIS CADA UM TEM AGORA?

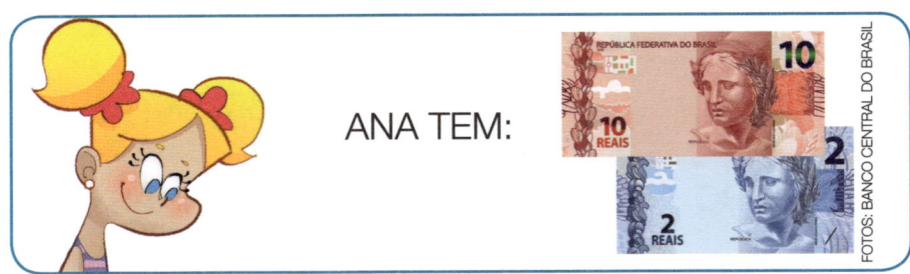

ANA TEM:

ELISA

TENHO 10 REAIS A MAIS QUE ANA.

ELISA TEM _____ REAIS.

MARCO

TENHO 5 REAIS A MENOS QUE ANA.

MARCO TEM _____ REAIS.

CAIO

TENHO 8 REAIS A MAIS QUE ANA.

CAIO TEM _____ REAIS.

2 OS AMIGOS CITADOS NA ATIVIDADE ANTERIOR RESOLVERAM JUNTAR AS ECONOMIAS DELES PARA COMPRAR UM JOGO QUE CUSTA 58 REAIS. SERÁ QUE ELES VÃO CONSEGUIR COMPRAR O JOGO?

FAÇA ESTIMATIVAS E REGISTRE COMO PENSOU PARA RESPONDER.

- QUANTOS REAIS, APROXIMADAMENTE, OS QUATRO AMIGOS CONSEGUIRAM JUNTAR?

ELES CONSEGUIRAM JUNTAR, APROXIMADAMENTE, _____ REAIS.

- VAI SOBRAR OU FALTAR DINHEIRO PARA COMPRAR O JOGO? APROXIMADAMENTE, QUANTOS REAIS?

VAI _____ DINHEIRO. APROXIMADAMENTE,

_____ REAIS.

- SE JUNTAREM APENAS AS ECONOMIAS DE ANA E CAIO, VAI SOBRAR OU FALTAR DINHEIRO PARA COMPRAR O JOGO? APROXIMADAMENTE, QUANTOS REAIS?

VAI _____ DINHEIRO. APROXIMADAMENTE _____ REAIS.

- OBSERVE A IMAGEM ACIMA E FAÇA AS ATIVIDADES 3, 4 E 5.

3 ANA FOI À FEIRA COM SUA MÃE. VEJA O QUE ELAS COMPRARAM.

NÓS COMPRAMOS 1 MELÃO, 2 CAIXAS DE MORANGOS, 1 DÚZIA DE BANANAS E 1 DÚZIA DE LARANJAS.

- DESCUBRA SE SOBROU DINHEIRO DAS COMPRAS FEITAS NA FEIRA POR ANA E SUA MÃE, SABENDO QUE ELAS POSSUÍAM 2 CÉDULAS DE 20 REAIS.

- DESTAQUE AS MOEDAS E AS CÉDULAS DAS FICHAS 13, 14, 15, 16 E 17. USE-AS E REGISTRE COMO VOCÊ PENSOU.

 DICA

- MONTE O ENVELOPE DA FICHA 18 PARA GUARDAR O DINHEIRO, POIS SERÁ USADO EM OUTRAS ATIVIDADES.

4 A FAMÍLIA DE DAVI TAMBÉM FOI À FEIRA. ELES COMPRARAM 1 ABACAXI

E 6 MEXERICAS. QUANTO ELES GASTARAM? _____

5 COM 1 CÉDULA DE 20 REAIS E 1 CÉDULA DE 10 REAIS, DECIDAM, EM DUPLA, QUAIS E QUANTAS FRUTAS VOCÊ E SEU COLEGA PODEM COMPRAR.

- TOTAL GASTO: _____ REAIS.

- TROCO: _____

- VERIFIQUEM SE ALGUMA DUPLA GASTOU A MESMA QUANTIA QUE VOCÊS E SE ESCOLHEU AS MESMAS FRUTAS.

6 OBSERVE A LOTAÇÃO MÁXIMA DESTES MEIOS DE TRANSPORTE.

TREM	AVIÃO	NAVIO

LOTAÇÃO MÁXIMA: 65 PASSAGEIROS	LOTAÇÃO MÁXIMA: 40 PASSAGEIROS	LOTAÇÃO MÁXIMA: 50 PASSAGEIROS

- QUAL DESSES MEIOS DE TRANSPORTE PODE LEVAR MAIS PESSOAS DE UMA VEZ? E MENOS? _____

- SE 60 PASSAGEIROS QUISEREM VIAJAR JUNTOS, EM QUAL DESSES MEIOS DE TRANSPORTE ELES PODERÃO VIAJAR COM CERTEZA?

_____

- SE 35 PASSAGEIROS FOREM PARA A AMAZÔNIA DE AVIÃO, QUANTOS ASSENTOS FICARÃO VAZIOS DURANTE A VIAGEM?

FICARÃO VAZIOS _____ ASSENTOS.

- LEIA A FRASE. DEPOIS, MARQUE COM UM **X** A AFIRMAÇÃO CORRETA DE ACORDO COM A LOTAÇÃO MÁXIMA INDICADA ACIMA.

45 PASSAGEIROS VIAJARAM JUNTOS.

☐ COM CERTEZA ELES FORAM NESSE TREM.

☐ COM CERTEZA ELES FORAM NESSE NAVIO.

☐ É IMPOSSÍVEL QUE TENHAM IDO NESSE AVIÃO.

A MATEMÁTICA ME AJUDA A SER...

... UMA PESSOA MENOS CONSUMISTA

VOCÊ JÁ FOI A UMA FEIRA DE TROCAS?

NAS FEIRAS DE TROCAS, PODEMOS ENCONTRAR MUITAS NOVIDADES. TROCAMOS PRODUTOS QUE NÃO USAMOS MAIS POR OUTROS QUE NOS SERÃO ÚTEIS.

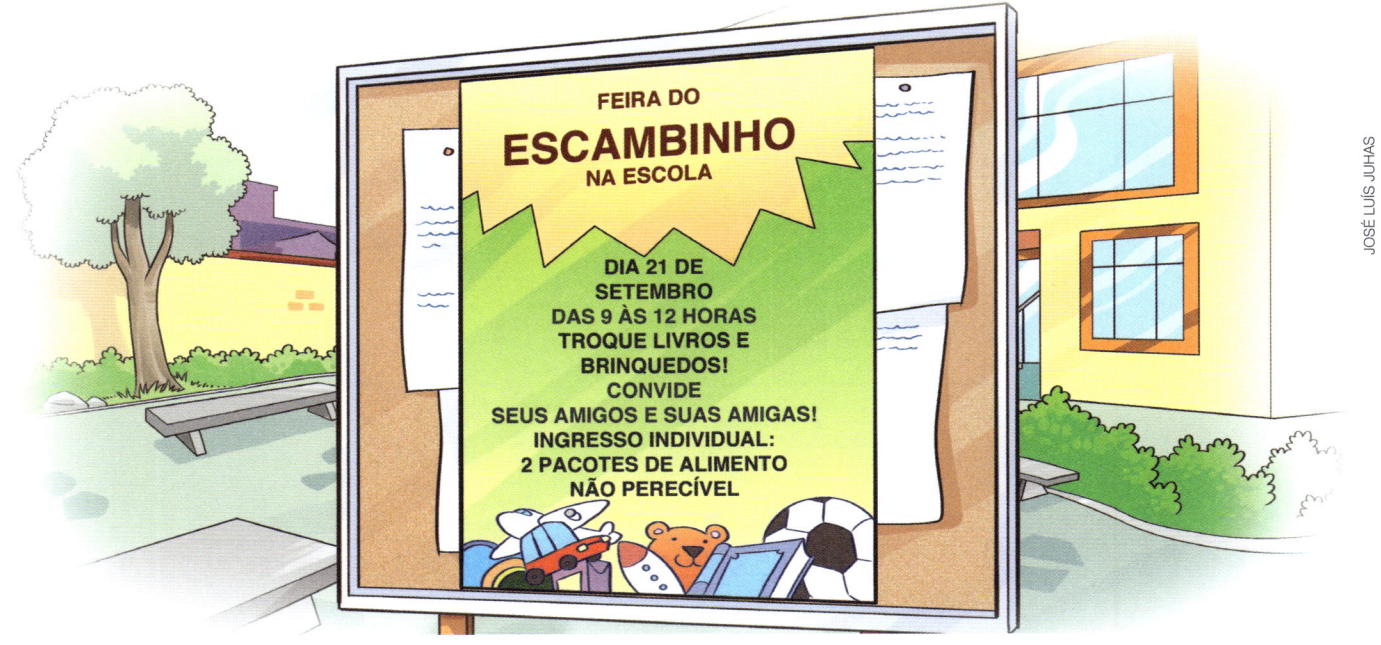

JOSÉ LUIS JUHAS

 **TOME NOTA**

1 QUANTAS HORAS DUROU ESSA FEIRA DO ESCAMBINHO? ☐

2 FORAM 50 PESSOAS À FEIRA DO ESCAMBINHO. QUANTOS

PACOTES FORAM ARRECADADOS? ☐

REFLITA

1 VOCÊ JÁ TROCOU ALGUM PRODUTO QUE NÃO USAVA MAIS POR OUTRO QUE QUERIA? COMO FOI ESSA TROCA?

2 QUAIS SÃO AS VANTAGENS DE OBTER PRODUTOS POR MEIO DE TROCAS?

LER GRÁFICOS

1 EUGÊNIO FEZ UM GRÁFICO PARA MOSTRAR AS QUANTIDADES DE TRÊS TIPOS DE BRINQUEDO QUE ELE TINHA EM NOVEMBRO DE 2017.

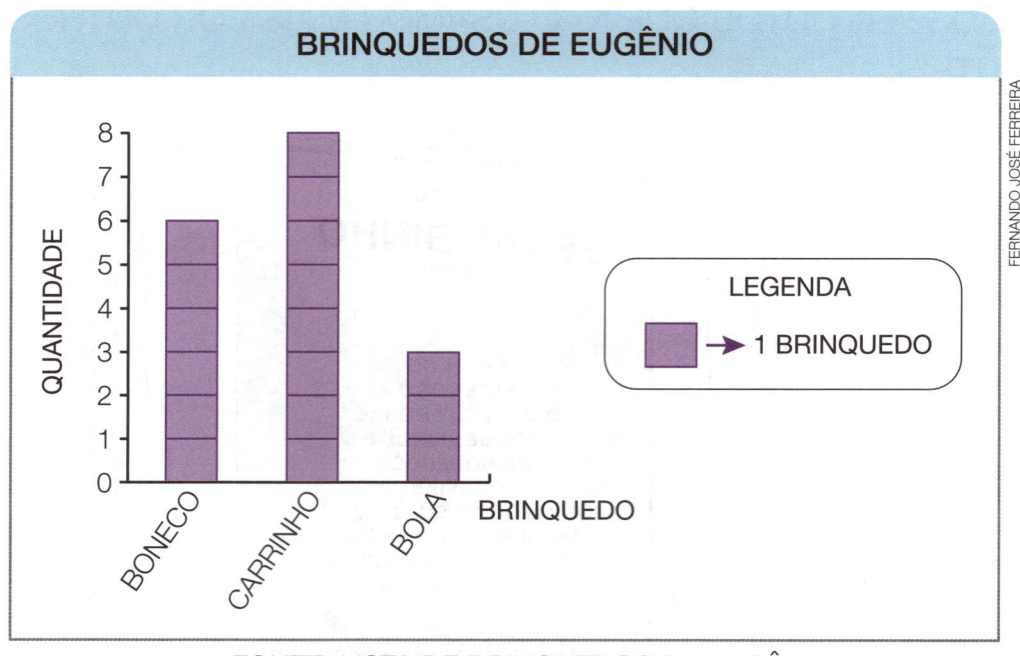

BRINQUEDOS DE EUGÊNIO

FONTE: LISTA DE BRINQUEDOS DE EUGÊNIO (NOV. 2017).

FERNANDO JOSÉ FERREIRA

ESSE GRÁFICO É CONHECIDO COMO **GRÁFICO DE COLUNAS**.

NO GRÁFICO DE EUGÊNIO, CADA COLUNA É FORMADA POR QUADRINHOS, E CADA UM DELES REPRESENTA 1 BRINQUEDO.

- QUAL É O BRINQUEDO QUE APRESENTA A COLUNA COM MAIS

  QUADRINHOS? _____

- SE A COLUNA DA BOLA TEM 3 QUADRINHOS, QUANTAS BOLAS EUGÊNIO

  POSSUÍA? _____

- PREENCHA A TABELA DE ACORDO COM O GRÁFICO.

BRINQUEDOS DE EUGÊNIO

BRINQUEDO	BONECO		
QUANTIDADE	6		

FONTE: LISTA DE BRINQUEDOS DE EUGÊNIO (NOV. 2017).

2 O MURO DA ESCOLA DE SUZANA SERÁ PINTADO. PARA DECIDIR A COR, OS ALUNOS PARTICIPARAM DE UMA VOTAÇÃO, EM FEVEREIRO DE 2016.

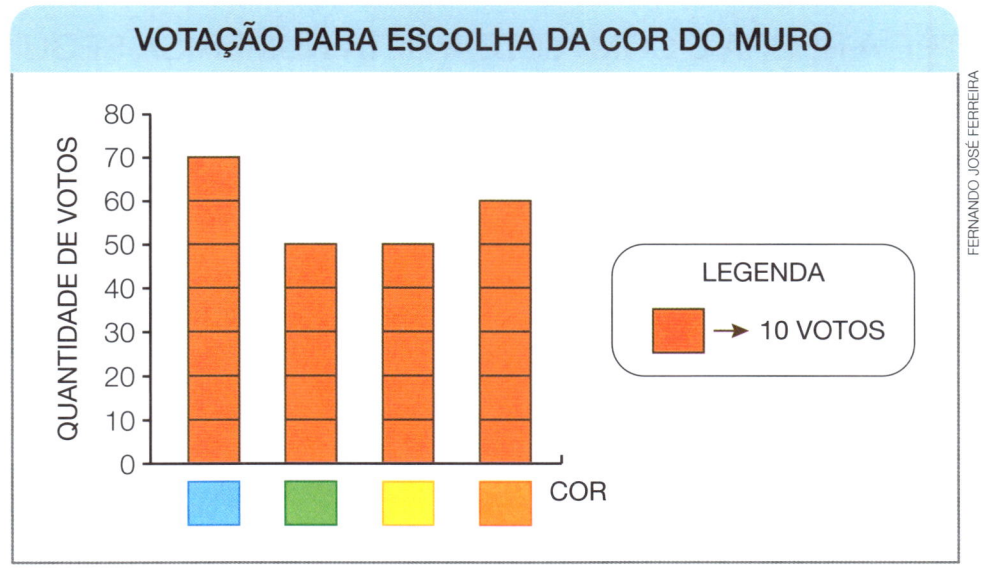

FONTE: ESCOLA PESQUISADA (FEV. 2016).

OBSERVE O GRÁFICO PARA RESPONDER ÀS QUESTÕES.

- QUANTOS VOTOS TEVE A COR AMARELA? _____

- CADA QUADRINHO VERMELHO QUE COMPÕE AS COLUNAS

  CORRESPONDE A QUANTOS VOTOS? _____

- QUE COR TEVE 60 VOTOS? _____

- MARQUE COM UM **X** A COR MAIS VOTADA.

- QUE COR VOCÊ ESCOLHERIA PARA PINTAR O MURO?

_____

- COM QUAL COR O MURO PROVAVELMENTE SERÁ PINTADO? POR QUÊ?

1 ENCONTRE A REGRA E COMPLETE A RETA NUMÉRICA SEGUINDO O CAMINHO DA BOLINHA.

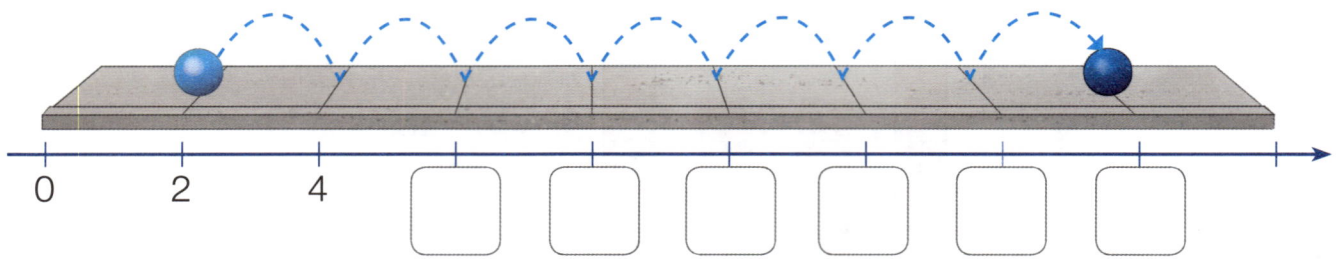

0   2   4

- ESCREVA COMO VOCÊ EXPLICARIA ESSA REGRA PARA UM COLEGA.

_____

_____

_____

_____

ESCOLHA BEM AS PALAVRAS PARA ESCREVER SEU PENSAMENTO DE FORMA CLARA.

2 DESCUBRA A REGRA. EM SEGUIDA, DESENHE OS SALTOS DO GAFANHOTO E COMPLETE AS PEDRAS COM OS NÚMEROS CORRETOS.

6   16   18   20

3 COMPLETE OS SALTOS DO CANGURU NA RETA NUMÉRICA E PREENCHA CADA QUADRO COM O NÚMERO CORRESPONDENTE.

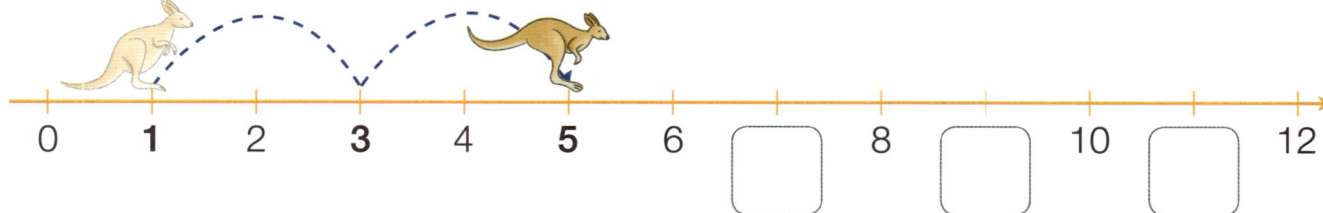

0   1   2   3   4   5   6   8   10   12

4 CHEGARAM 12 TURISTAS DE UM PASSEIO DE BARCO. ELES FORAM DESCENDO DE 2 EM 2. REGISTRE QUANTOS TURISTAS FICARAM NO BARCO EM CADA SITUAÇÃO.

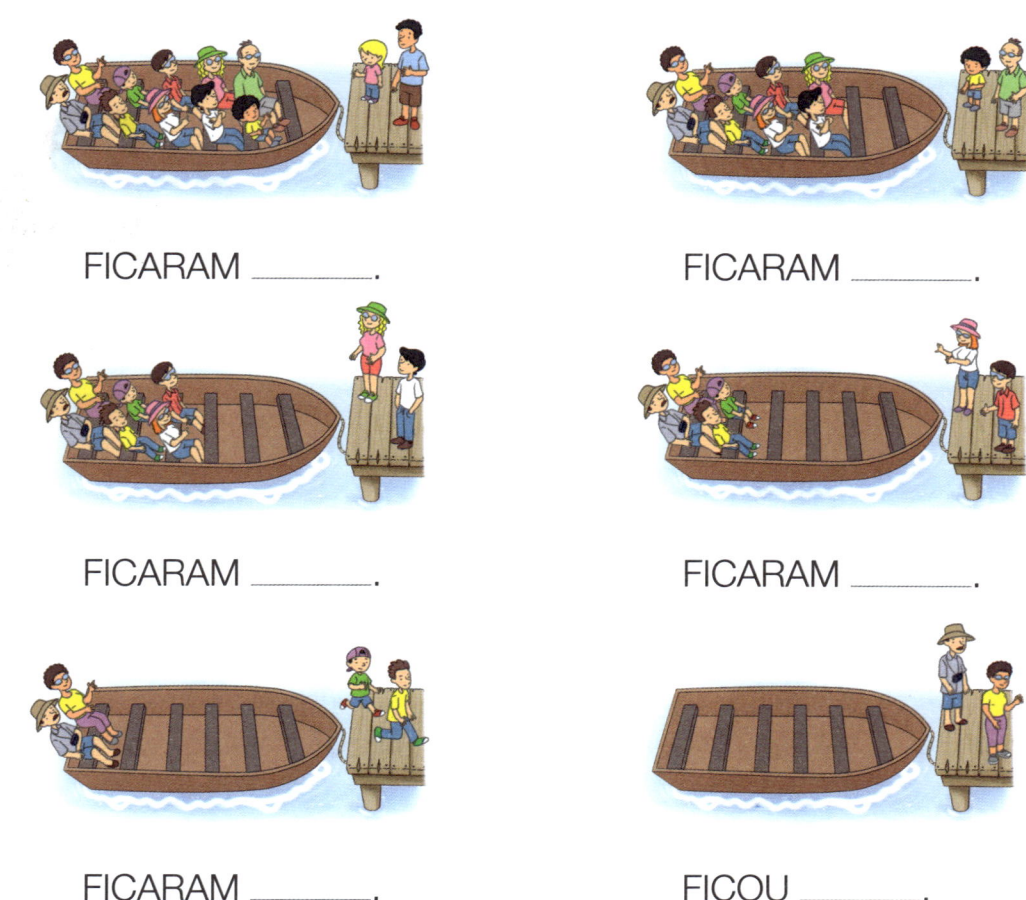

FICARAM _____.   FICARAM _____.

FICARAM _____.   FICARAM _____.

FICARAM _____.   FICOU _____.

- COMPLETE A SEQUÊNCIA SUBTRAINDO 2 PARA ENCONTRAR O NÚMERO

  SEGUINTE: 12, 10, 8, [ ], [ ], [ ], [ ].

5 CRIE UMA REGRA E PREENCHA A RETA NUMÉRICA. DEPOIS, DESENHE O CAMINHO QUE A BOLINHA PERCORREU.

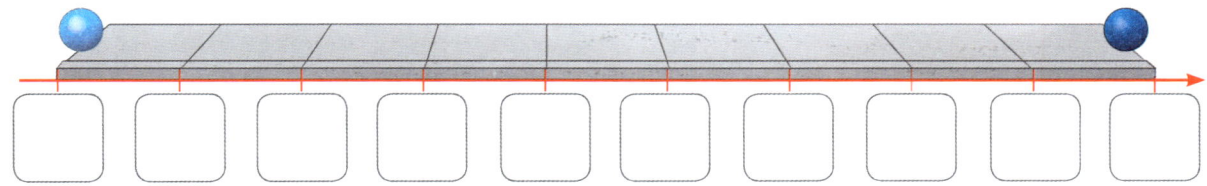

- AGORA, VEJA SE UM COLEGA CONSEGUE DESCREVER A REGRA DA SUA SEQUÊNCIA.

ILUSTRAÇÕES: EDSON FARIAS

1 FABIANA É PROFESSORA DE DUAS CLASSES DO 1º ANO. EM UMA CLASSE, HÁ 18 ALUNOS E, NA OUTRA, 21 ALUNOS. QUANTOS ALUNOS DO 1º ANO FABIANA TEM?

FABIANA TEM _____ ALUNOS DO 1º ANO.

2 ALEX PRECISA DE UMA DEZENA DE TAMPINHAS PARA REALIZAR UMA ATIVIDADE NA ESCOLA. ELE CONSEGUIU 6 TAMPINHAS. QUANTAS TAMPINHAS FALTAM PARA ALEX COMPLETAR UMA DEZENA?

FALTAM _____ TAMPINHAS PARA ALEX COMPLETAR UMA DEZENA.

3 PINTE COM A MESMA COR OS PARES DE NÚMEROS QUE, AO SEREM ADICIONADOS, FORMAM UMA DEZENA.

3   4   6

2   7

8

4 OBSERVE A QUANTIDADE DE BRINQUEDOS EM CADA CAIXA.

- QUAL É A COR DA CAIXA EM QUE HÁ MAIOR QUANTIDADE DE BRINQUEDOS?

_____

- QUAL É A COR DA CAIXA EM QUE HÁ MENOR QUANTIDADE DE BRINQUEDOS?

_____

 - ESTIME: QUANTOS BRINQUEDOS A CAIXA VERDE TEM A MAIS QUE

A CAIXA VERMELHA? _____

SIGA AS DICAS PARA DESCOBRIR OS NÚMEROS PROCURADOS.

NÚMERO PROCURADO

- SOU MENOR QUE 50.
- SOU MAIOR QUE 40.
- TERMINO COM 9.

SOU _____

NÚMERO PROCURADO

- SOU MAIOR QUE 32.
- SOU MENOR QUE 36.

SOU _____

ILUSTRAÇÕES: CLAUDIO CHIYO

CLAUDIO CHIYO

SIMULADOR DE VOO

IDADE MÍNIMA 5 ANOS

UNIDADE

6 VAMOS MEDIR

INSTRUMENTOS PARA MEDIR

1 TODOS OS DIAS USAMOS ALGUM INSTRUMENTO PARA MEDIR ALGO: ALTURA, TEMPERATURA, MASSA, TEMPO, DISTÂNCIA, ENTRE OUTROS. VEJA ABAIXO ALGUNS DESSES INSTRUMENTOS.

BALANÇA

RELÓGIO

JARRA MEDIDORA

FITA MÉTRICA

BALANÇA

AMPULHETA

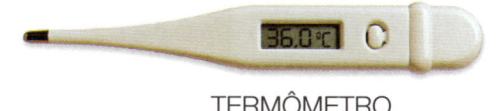

TERMÔMETRO

- CONTORNE OS INSTRUMENTOS QUE VOCÊ JÁ USOU OU JÁ VIU ALGUÉM USANDO.

2 OBSERVE ANA E DAVI EM ALGUMAS ATIVIDADES QUE PRECISAM DE INSTRUMENTOS DE MEDIÇÃO. COMO ESSES INSTRUMENTOS SUMIRAM, LIGUE CADA CENA AO INSTRUMENTO QUE DESAPARECEU.

 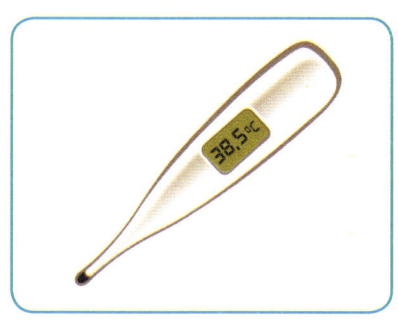

 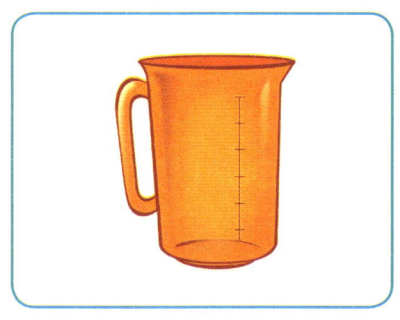

 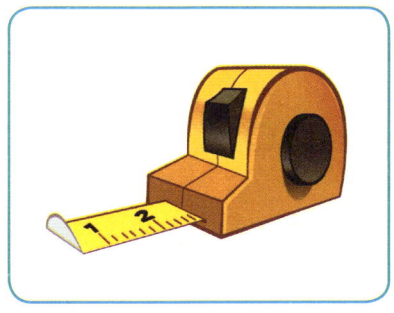

- CONTE PARA OS COLEGAS UMA SITUAÇÃO EM QUE VOCÊ E SUA FAMÍLIA PRECISARAM DE UM INSTRUMENTO DE MEDIÇÃO.

VAMOS MEDIR?

1 OBSERVE OS ANIMAIS DAS FOTOS. DEPOIS, MARQUE COM UM **X** A RESPOSTA CORRETA EM CADA CASO.

ELEFANTE NA SAVANA AFRICANA, CONGO, 2015.

TIGRE EM UM SAFÁRI AFRICANO, 2014.

- VOCÊ CONHECE ESSES ANIMAIS? 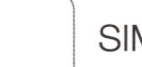 SIM  NÃO

- QUAL DELES VOCÊ ACHA QUE É O MAIS ALTO?

- QUAL DELES VOCÊ ACHA QUE É O MAIS PESADO?

- QUAL DELES VOCÊ ACHA QUE TEM O MENOR TEMPO MÉDIO DE VIDA?

2 O ANIVERSÁRIO DE AUGUSTO SERÁ SÁBADO, DIA 13 DE JULHO.
DONA AURORA VAI PREPARAR *CUPCAKES* E SUCO PARA COMEMORAR.

JOSÉ LUIS JUHAS

OBSERVE A ILUSTRAÇÃO E RESPONDA.

- QUANTOS DIAS FALTAM PARA O ANIVERSÁRIO DE AUGUSTO?

- CONTORNE 2 OBJETOS QUE PODEM SER USADOS PARA MEDIR QUANTA ÁGUA SERÁ USADA PARA FAZER SUCO.

- QUANTO DE SUCO DEVE SER PREPARADO PARA CADA PESSOA? MARQUE COM UM **X**.

  ☐ MENOS DE 10 COPOS   ☐ MAIS DE 30 COPOS

- NA COMEMORAÇÃO, HAVERÁ 10 PESSOAS. QUANTOS *CUPCAKES* DEVEM SER PREPARADOS? MARQUE COM UM **X**.

  ☐ MENOS DE 10 *CUPCAKES*   ☐ MAIS DE 10 *CUPCAKES*

VAMOS JOGAR?

MEMÓRIA DOS INSTRUMENTOS DE MEDIÇÃO

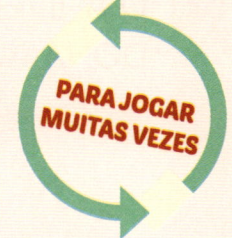
PARA JOGAR MUITAS VEZES

MATERIAL: CARTAS DAS FICHAS 19 E 20.

JOGADORES: 2

REGRAS:

- COLOQUE NA MESA TODAS AS CARTAS COM A FIGURA VIRADA PARA BAIXO.

- A DUPLA DEVE DECIDIR QUEM COMEÇA A PARTIDA.

- O JOGADOR, ENTÃO, VIRA UMA CARTA E, COM APENAS UMA CHANCE, TENTA ENCONTRAR SEU PAR VIRANDO OUTRA CARTA. CASO ENCONTRE O PAR CORRETO, O PARTICIPANTE FICA COM AS DUAS CARTAS. SE NÃO ENCONTRAR, DEVE VIRAR NOVAMENTE ESSAS CARTAS PARA BAIXO E PASSAR A VEZ PARA O PRÓXIMO JOGADOR.

- SE O JOGADOR ACHAR UM PAR, TEM DIREITO DE JOGAR NOVAMENTE.

- GANHA QUEM TIVER MAIS PARES DE CARTAS NO FINAL.

👀 **VEJA SE ENTENDEU**

OBSERVE A JOGADA.

- O JOGADOR VAI FICAR COM AS CARTAS?

 SIM   NÃO

DEPOIS DE JOGAR

1 VEJA DOIS MOMENTOS DE UM JOGO.

1º MOMENTO

2º MOMENTO

ILUSTRAÇÕES: ENÁGIO COELHO

- AGORA, NO 2º MOMENTO DO JOGO, CONTORNE A CARTA QUE FORMA PAR COM A CARTA VIRADA.

2 FELIPE ACABOU DE ENCONTRAR UM PAR CORRETO DE CARTAS E VAI JOGAR NOVAMENTE. OBSERVE.

EDNEI MARX

FELIPE VAI GANHAR O JOGO? _____

COMPARANDO COMPRIMENTOS

1 PALOMA RECEBEU DOIS PEDAÇOS DE BARBANTE E PRECISAVA ESCOLHER O MAIS COMPRIDO PARA FAZER O TRABALHO DE ARTE. OBSERVE.

- AGORA, CONTORNE O PEDAÇO **MAIS COMPRIDO**.

- QUAL É O COMPRIMENTO, EM PALMOS DE PALOMA, DO BARBANTE **MAIS CURTO**?

2 BRUNO TAMBÉM VAI FAZER O TRABALHO DE ARTE E PRECISA ESCOLHER UM GIZ DE CERA. MARQUE COM UM **X** O GIZ MAIS FINO.

3 LEIA AS DICAS ABAIXO E LIGUE CADA FITA A UMA CAIXA.

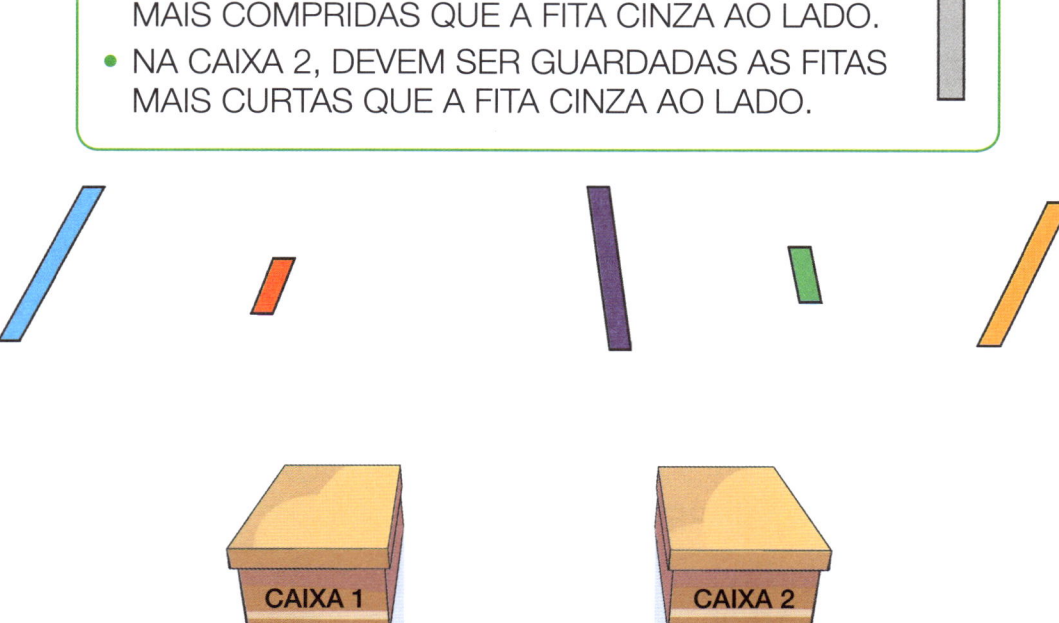

DICAS

- NA CAIXA 1, DEVEM SER GUARDADAS AS FITAS MAIS COMPRIDAS QUE A FITA CINZA AO LADO.
- NA CAIXA 2, DEVEM SER GUARDADAS AS FITAS MAIS CURTAS QUE A FITA CINZA AO LADO.

CAIXA 1

CAIXA 2

4 OBSERVE COMO VANESSA MEDIU O COMPRIMENTO DO TAMPO DA CARTEIRA DELA.

- AGORA, FAÇA COMO VANESSA E MEÇA O COMPRIMENTO DO TAMPO DE SUA CARTEIRA. QUAL É A MEDIDA QUE VOCÊ OBTEVE? _____

5 ESCOLHA UMA ESTRATÉGIA PARA MEDIR A ALTURA DE 2 COLEGAS. DEPOIS, PREENCHA ESTE QUADRO COM AS INFORMAÇÕES OBTIDAS.

NOME DO COLEGA	ALTURA

- QUAL DESSES 2 COLEGAS É O **MAIS ALTO**? _____

O CENTÍMETRO

1 ESCREVA QUANTO MEDE, EM CENTÍMETROS, CADA IMAGEM.

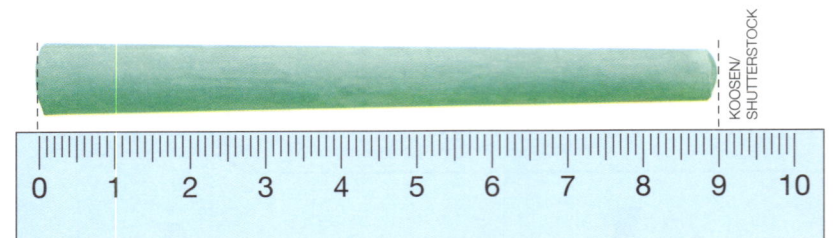

- A IMAGEM DESSE GIZ

  MEDE _____ CENTÍMETROS
  DE COMPRIMENTO.

- O COMPRIMENTO DO
  DESENHO DO JACARÉ MEDE

  _____ CENTÍMETROS.

2 CONTE AS SETAS DE CADA COR E ESCREVA QUANTOS CENTÍMETROS
CADA COELHO PERCORRE NO DESENHO PARA IR ATÉ A TOCA.

> **DICA**
> - CADA SETA MEDE
>   1 CENTÍMETRO.

_____ CENTÍMETROS

_____ CENTÍMETROS

- MARQUE COM UM **X** O COELHO QUE PERCORRE O CAMINHO MAIS LONGO.

O METRO

DESTAQUE OS ADESIVOS DA FICHA 25. DEPOIS, COLE-OS NO LOCAL CERTO.

ANIMAÇÃO
MEDINDO COMPRIMENTOS

NA VIDA REAL, TÊM COMPRIMENTO MAIOR QUE 1 METRO.

NA VIDA REAL, TÊM COMPRIMENTO MENOR QUE 1 METRO.

TEMA 3 — MEDIDAS DE MASSA E MEDIDAS DE CAPACIDADE

COMPARANDO MASSAS

1 OBSERVE ESTAS IMAGENS.

LHAMA EM MACHU PICCHU, PERU, 2007.

RINOCERONTE NA ÁFRICA, 2016.

LOBO-GUARÁ EM SÃO CARLOS-SP, BRASIL, 2008.

TUCANO, PARQUE NACIONAL DO IGUAÇU, BRASIL, 2015.

- MARQUE COM UM ⬤ O ANIMAL MAIS PESADO E COM UM **X** O ANIMAL MAIS LEVE.

 2 DESTAQUE OS ADESIVOS DE FRUTAS DA FICHA 26. DEPOIS, COLE-OS NA BALANÇA, SABENDO QUE O ABACAXI É MAIS LEVE QUE A MELANCIA.

 PARE E PENSE ANTES DE COLAR OS ADESIVOS!

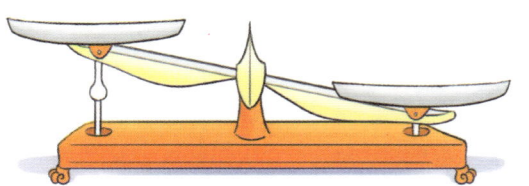

- CONTE COMO VOCÊ DESCOBRIU O LOCAL CERTO PARA COLAR CADA ADESIVO NA BALANÇA.

COMPARANDO CAPACIDADES

1 LEIA AS DICAS E LIGUE CADA CRIANÇA A UMA GARRAFA.

FÁBIO

LAURA

VÍTOR

AS IMAGENS NESTA PÁGINA NÃO ESTÃO APRESENTADAS EM ESCALA DE TAMANHO.

2 OBSERVE COMO ESTES COPOS FORAM ORGANIZADOS.

- AGORA, MARQUE COM UM **X** A SEQUÊNCIA DE COPOS QUE ESTÁ ORGANIZADA DO COPO **CHEIO** PARA O **VAZIO**.

MEDIDAS DE TEMPO

MEDINDO TEMPO

 **1** DESENHE O QUE VOCÊ FEZ DURANTE O DIA DE ONTEM.

MANHÃ	TARDE	NOITE

2 CONVERSE COM SEUS COLEGAS E SEU PROFESSOR PARA LEMBRAR O QUE FOI FEITO NA ESCOLA ONTEM. DEPOIS, PINTE O QUADRO COM CADA ATIVIDADE ASSIM:

- DE  O QUE FOI REALIZADO **ANTES** DO RECREIO.

- DE O QUE FOI REALIZADO **DEPOIS** DO RECREIO.

INÍCIO DA AULA	ESTUDOS DE LÍNGUA PORTUGUESA
ESTUDOS DE MATEMÁTICA	TÉRMINO DA AULA
ESTUDOS DE ARTE	EDUCAÇÃO FÍSICA

3 VAMOS APRENDER UM POUCO MAIS SOBRE O CALENDÁRIO? COM ELE, PODEMOS REGISTRAR OS DIAS E OS MESES DE UM ANO.

- COMPLETE O CALENDÁRIO DO MÊS EM QUE ESTAMOS.

MÊS: _____

DOMINGO	SEGUNDA-FEIRA	TERÇA-FEIRA	QUARTA-FEIRA	QUINTA-FEIRA	SEXTA-FEIRA	SÁBADO
◯	◯	◯	◯	◯	◯	◯
◯	◯	◯	◯	◯	◯	◯
◯	◯	◯	◯	◯	◯	◯
◯	◯	◯	◯	◯	◯	◯
◯	◯	◯	◯	◯	◯	◯

JOSÉ LUIS JUHAS

- PINTE TODOS OS DOMINGOS DO MÊS.

- SE HOJE É SEGUNDA-FEIRA, DAQUI A QUANTOS DIAS SERÁ A PRÓXIMA SEGUNDA-FEIRA? ☐

- EM QUE DIA FOI OU SERÁ A TERCEIRA QUARTA-FEIRA DO MÊS? MARQUE COM UM **X** ESSA DATA NO CALENDÁRIO.

- QUANTOS SÁBADOS HÁ NESTE MÊS? ☐

ANO, MÊS, SEMANA E DIA

1 VEJA O CALENDÁRIO DE 2019.

OS MESES PODEM TER: **28**, **29**, **30** OU **31** DIAS.

- EM QUE MÊS ESTAMOS? _____

- QUANTOS DIAS ELE TEM? _____

- QUAL SERÁ O PRÓXIMO MÊS? QUANTOS DIAS ELE TERÁ?

_____

2 LEIA A FRASE A SEGUIR E DEPOIS RESPONDA ÀS QUESTÕES DE ACORDO COM O CALENDÁRIO DA PÁGINA ANTERIOR.

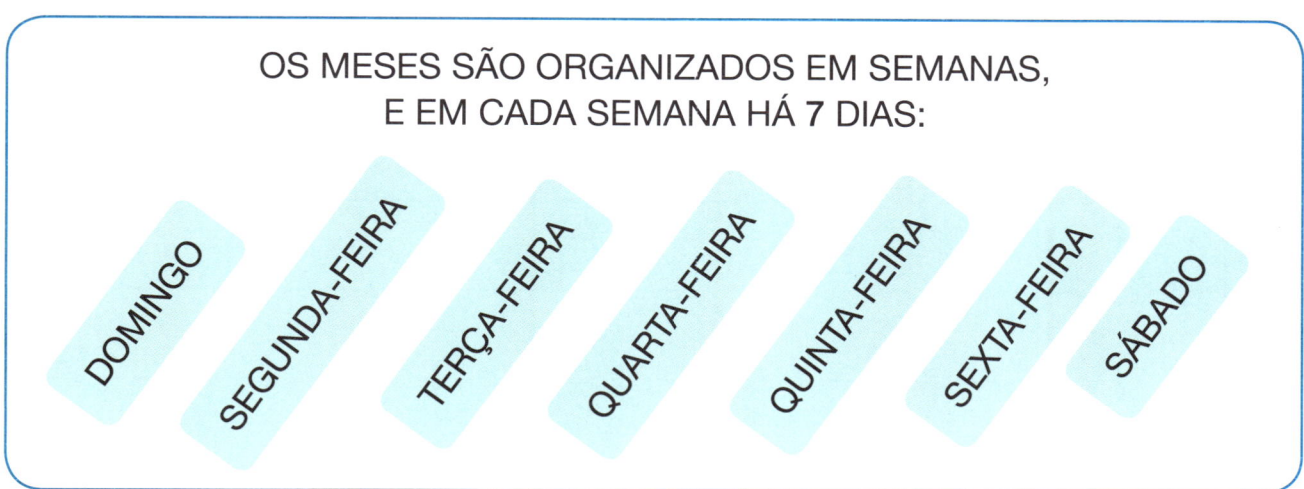

OS MESES SÃO ORGANIZADOS EM SEMANAS, E EM CADA SEMANA HÁ 7 DIAS:

DOMINGO · SEGUNDA-FEIRA · TERÇA-FEIRA · QUARTA-FEIRA · QUINTA-FEIRA · SEXTA-FEIRA · SÁBADO

- QUE DIA DO MÊS FOI A 1ª QUARTA-FEIRA DO ANO? ☐

- DIA 22 DE JUNHO É QUE DIA DA SEMANA? _____

- QUANTOS DOMINGOS APARECEM NO MÊS DE MARÇO? ☐

3 COMPLETE COM O DIA DA SEMANA.

ONTEM	HOJE	AMANHÃ
_____	SEXTA-FEIRA	_____

4 DESCUBRA QUANTOS MESES FALTAM PARA O ANIVERSÁRIO DE ANA, SABENDO QUE HOJE É DIA 16 DE AGOSTO E QUE O ANIVERSÁRIO DELA É DIA 16 DE NOVEMBRO.

FALTAM _____ MESES PARA O ANIVERSÁRIO DE ANA.

 **5** ESCOLHA 4 COLEGAS E, COM A AJUDA DO PROFESSOR, DESCUBRA A DATA DE NASCIMENTO DE CADA UM DELES. DEPOIS, PREENCHA A TABELA COM AS INFORMAÇÕES.

DATA DE NASCIMENTO DE ALGUNS COLEGAS

NOME DO COLEGA	DATA DE NASCIMENTO

FONTE: INFORMAÇÕES COLETADAS PELOS ALUNOS DO 1º ANO,

EM _____

AGORA, RESPONDA ÀS QUESTÕES.

- QUAL DOS COLEGAS ESCOLHIDOS É O MAIS NOVO? _____

- E QUAL É O MAIS VELHO? _____

- QUAL É A DATA DO SEU NASCIMENTO? _____

- VOCÊ É O MAIS NOVO OU O MAIS VELHO DESSE GRUPO?

_____

 **6** PINTE DE:

 OS DIAS DA SEMANA EM QUE NÃO HÁ AULA.

O DIA DA SEMANA QUE CORRESPONDE AO DIA DE HOJE.

DOMINGO	SÁBADO	TERÇA-FEIRA	QUINTA-FEIRA

SEGUNDA-FEIRA	QUARTA-FEIRA	SEXTA-FEIRA

RELÓGIOS

1 OBSERVE OS RELÓGIOS.

O PONTEIRO **MENOR** APONTA PARA O 3.
O PONTEIRO **MAIOR** APONTA PARA O 12.
SÃO 3 HORAS.

O PONTEIRO **MENOR** APONTA PARA O 10.
O PONTEIRO **MAIOR** APONTA PARA O 12.
SÃO 10 HORAS.

- AGORA, ESCREVA O HORÁRIO QUE CADA RELÓGIO ESTÁ MARCANDO.

_____

_____

_____

2 DESTAQUE OS ADESIVOS DA FICHA 26. DEPOIS, COLE-OS AO LADO DO RELÓGIO DIGITAL QUE MARCA O MESMO HORÁRIO.

RELÓGIO DIGITAL	RELÓGIO DE PONTEIROS	RELÓGIO DIGITAL	RELÓGIO DE PONTEIROS

CÉDULAS E MOEDAS DO BRASIL

O REAL

 1 ESTAS SÃO AS CÉDULAS E MOEDAS DE NOSSO DINHEIRO: O REAL.

- VOCÊ CONHECE ESSAS CÉDULAS E MOEDAS?
- QUAIS DELAS VOCÊ USA COM MAIS FREQUÊNCIA? ONDE?

2 LIGUE OS QUADROS QUE CONTÊM A MESMA QUANTIA.

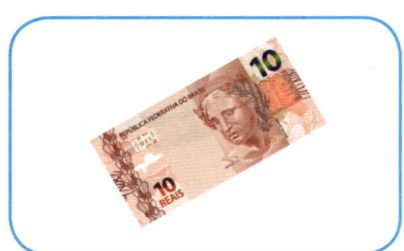

Reprodução proibida. Art. 184 do Código Penal e Lei 9.610 de 19 de fevereiro de 1998.

 **3** USE AS CÉDULAS E MOEDAS DO MATERIAL COMPLEMENTAR PARA COMPOR AS QUANTIAS ABAIXO. DEPOIS, DESENHE AS CÉDULAS E MOEDAS QUE VOCÊ USOU PARA COMPOR CADA QUANTIA.

- 10 REAIS

- 50 REAIS

- 7 REAIS, USANDO O MENOR NÚMERO POSSÍVEL DE CÉDULAS

- 60 CENTAVOS

4 VEJA AO LADO O PREÇO DA GARRAFA DE SUCO DE FRUTAS AMARELAS.

- SE VOCÊ COMPRASSE ESSA GARRAFA DE SUCO, QUAIS CÉDULAS E MOEDAS PODERIA USAR PARA PAGAR?

7 REAIS

JOSÉ LUIS JUHAS

COMPREENDER INFORMAÇÕES

COLETAR E ORGANIZAR INFORMAÇÕES EM GRÁFICOS

1 EM SETEMBRO DE 2018, A PROFESSORA SÔNIA E SEUS ALUNOS FIZERAM UMA PESQUISA SOBRE OS ANIMAIS DE ESTIMAÇÃO DOS ALUNOS DA TURMA. OBSERVE, AO LADO, OS DADOS OBTIDOS.

> CACHORRO: 6 ALUNOS
> PÁSSARO: 3 ALUNOS
> GATO: 4 ALUNOS
> PEIXE: 4 ALUNOS
> OUTROS: 5 ALUNOS

● PREENCHA A TABELA DE ACORDO COM OS DADOS DA PESQUISA.

ANIMAIS DE ESTIMAÇÃO

ANIMAL	CACHORRO				
QUANTIDADE	6				

FONTE: ANOTAÇÃO DOS ALUNOS DE SÔNIA (SET. 2018).

● PINTE A QUANTIDADE DE QUADRINHOS DE CADA COLUNA DE ACORDO COM OS DADOS DA TABELA PARA CONSTRUIR UM GRÁFICO DE COLUNAS.

● CADA QUADRINHO DO GRÁFICO REPRESENTA QUANTOS ANIMAIS?

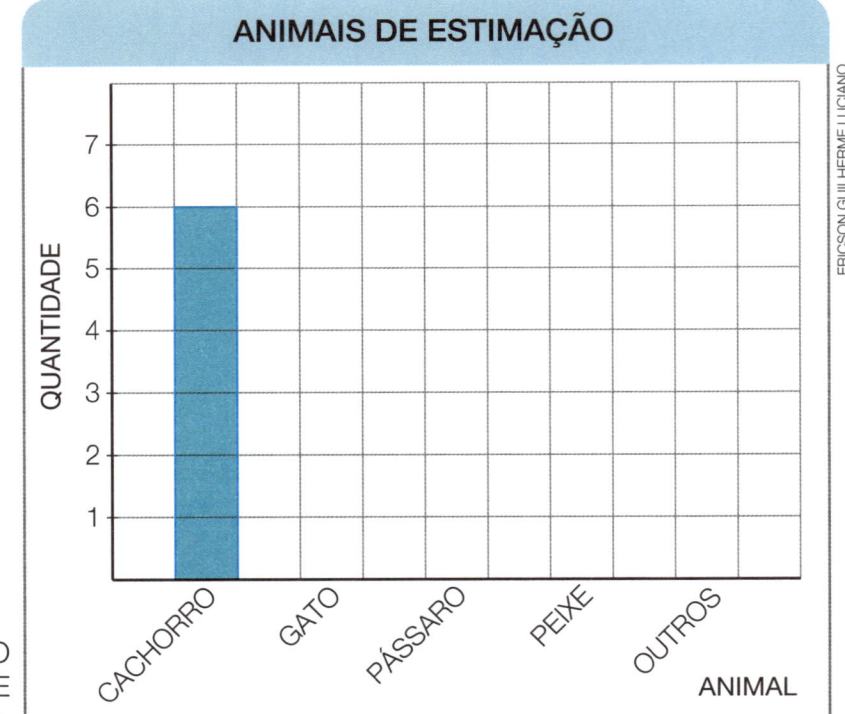

FONTE: ANOTAÇÃO DOS ALUNOS DE SÔNIA (SET. 2018).

2 CAROLINA, KÁTIA E ZULEIDE SÃO AMIGAS E COMBINARAM UMA VIAGEM DE FÉRIAS JUNTAS. A VIAGEM DAS TRÊS COMEÇOU NO DIA 2 DE DEZEMBRO, PORÉM CADA UMA TEVE UM DIA DE RETORNO DIFERENTE. O CALENDÁRIO ABAIXO MOSTRA A DATA DE RETORNO DE CADA UMA DELAS.

DEZEMBRO 2017

DOMINGO	SEGUNDA-FEIRA	TERÇA-FEIRA	QUARTA-FEIRA	QUINTA-FEIRA	SEXTA-FEIRA	SÁBADO
					1	2
3	4	5	6	7	8	9
10	11	12	13	14	15	16
17	18	19	20	21	22	23
24	25	26	27	28	29	30
31						

RETORNO
- ZULEIDE
- CAROLINA
- KÁTIA

- CONTORNE, NO CALENDÁRIO, O DIA DO INÍCIO DA VIAGEM DAS TRÊS AMIGAS.

- AGORA, COMPLETE.

  A VIAGEM DE CAROLINA DUROU _____ SEMANAS, ENQUANTO A DE

  ZULEIDE DUROU APENAS _____ SEMANAS. KÁTIA FICOU VIAJANDO

  _____ SEMANAS A MAIS QUE ZULEIDE.

- DEPOIS, USE LÁPIS DE COR E AS INFORMAÇÕES ACIMA PARA COMPLETAR O GRÁFICO DE COLUNAS AO LADO.

LEGENDA

CADA ▢ REPRESENTA 1 SEMANA DE VIAGEM.

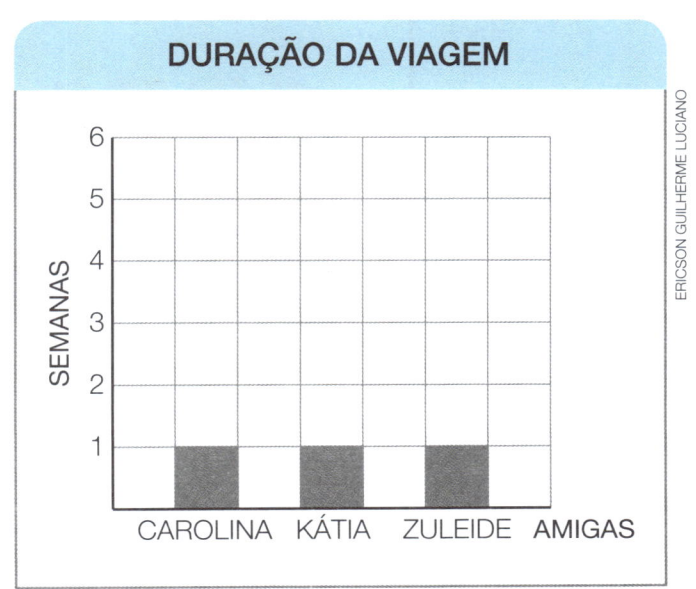

DURAÇÃO DA VIAGEM

FONTE: AGÊNCIA DE VIAGENS (DEZ. 2017).

1 UMA FORMIGA CAMINHARÁ PELA LINHA VERDE ATÉ O FORMIGUEIRO. DESCUBRA QUANTOS CENTÍMETROS ELA ANDARÁ.

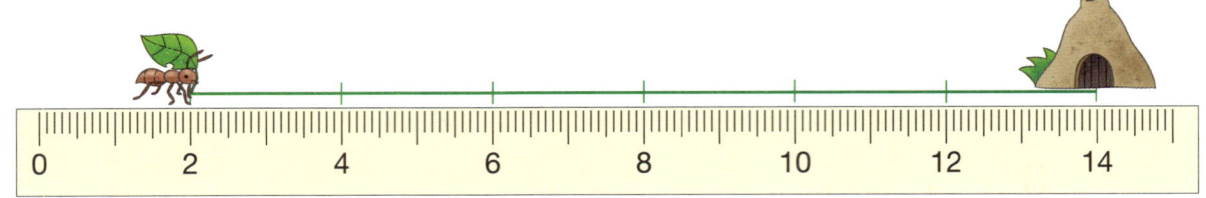

A FORMIGA ANDARÁ _____ CENTÍMETROS.

2 A TARTARUGA FARÁ O CAMINHO INDICADO PELAS SETAS ATÉ CHEGAR EM CASA. QUANTOS METROS ELA PERCORRERÁ?

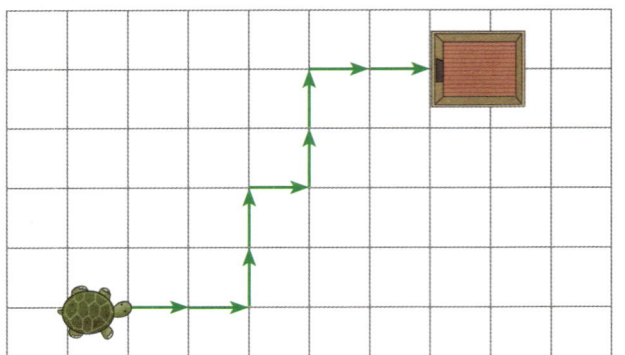

DICA

- CADA → REPRESENTA 10 METROS.

ELA PERCORRERÁ

_____ METROS.

3 VAMOS CONTAR OS VAGÕES DO TREM? INDIQUE ONDE DEVEM SER COLOCADAS AS ETIQUETAS QUE MARCAM A CONTAGEM DE 5 EM 5 VAGÕES.

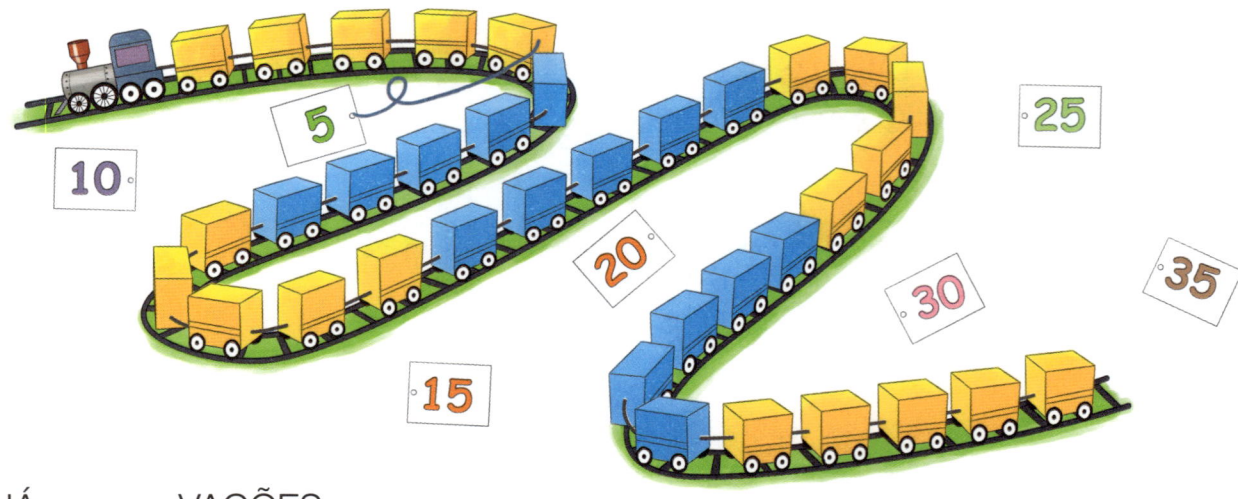

HÁ _____ VAGÕES.

4 VEJA NO ESQUEMA ABAIXO QUANTOS METROS DA PISTA CADA CRIANÇA PERCORREU ATÉ AGORA.

- QUANTOS METROS SEPARAM A CRIANÇA QUE ESTÁ EM PRIMEIRO LUGAR DA QUE ESTÁ EM ÚLTIMO LUGAR? _____ METROS.

- QUANTOS METROS FALTAM PARA A CRIANÇA QUE ESTÁ EM PRIMEIRO LUGAR TERMINAR A CORRIDA? _____ METROS.

- QUANTOS METROS SEPARAM A CRIANÇA QUE ESTÁ EM QUARTO LUGAR DA QUE ESTÁ EM SEGUNDO LUGAR? _____ METROS.

5 AS CRIANÇAS MONTARAM UM COLAR. VAMOS CONTAR AS MIÇANGAS DE 10 EM 10? ESCREVA NAS ETIQUETAS A QUANTIDADE DE MIÇANGAS ATÉ OS LUGARES MARCADOS.

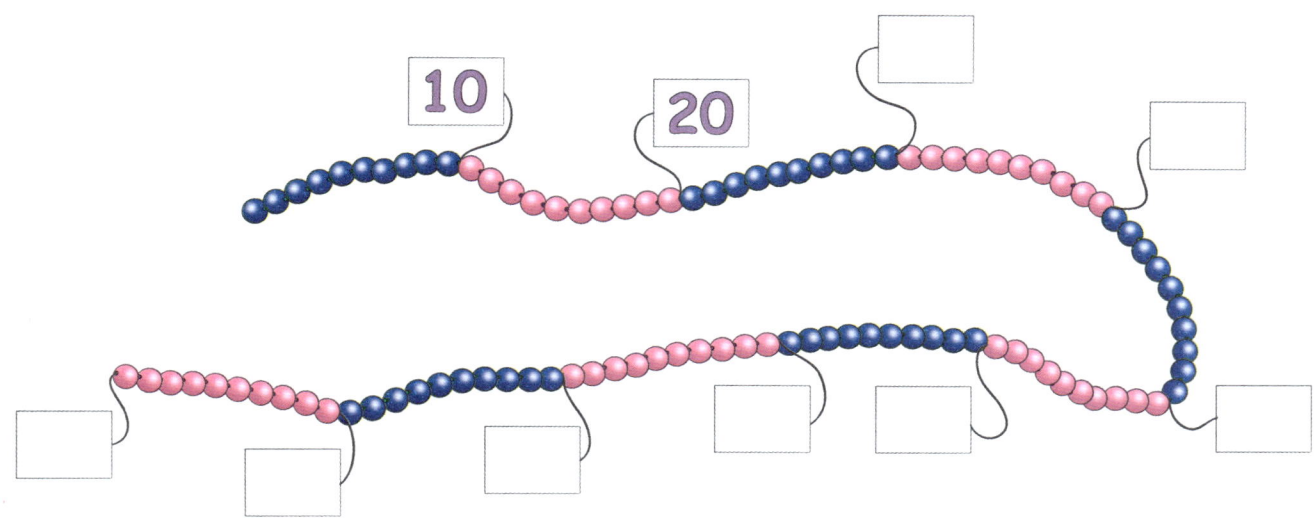

O QUE VOCÊ APRENDEU

1 CONTORNE A CORDA MAIS CURTA E MARQUE UM **X** NA MAIS COMPRIDA.

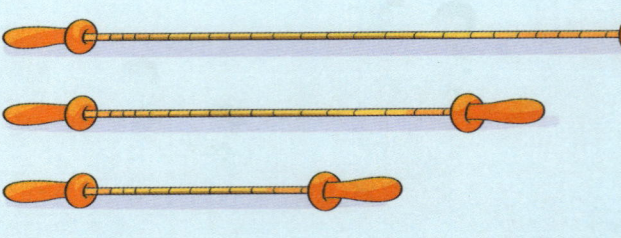

JOSÉ LUÍS JUHAS

2 DESTAQUE OS ADESIVOS DE DINOSSAUROS DA FICHA 26 E, DEPOIS, COLE-OS ORDENANDO DO MAIS ALTO PARA O MAIS BAIXO.

3 LIGUE AS PISTAS AOS DIAS DA SEMANA CORRESPONDENTES.

1º DIA DA SEMANA	SÁBADO
UM DIA ANTES DE TERÇA-FEIRA	DOMINGO
TRÊS DIAS DEPOIS DE QUARTA-FEIRA	SEXTA-FEIRA
UM DIA DEPOIS DE QUINTA-FEIRA	SEGUNDA-FEIRA

 **4** DESENHE JARRAS DE SUCO QUE POSSAM ENCHER A QUANTIDADE DE COPOS EM CADA CASO.

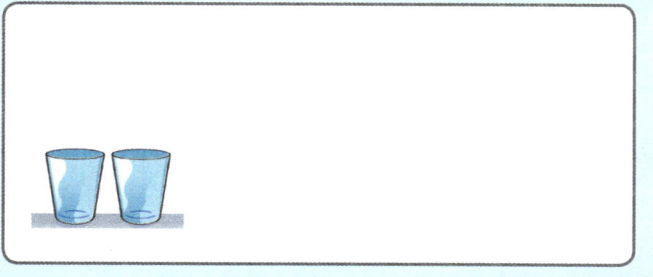

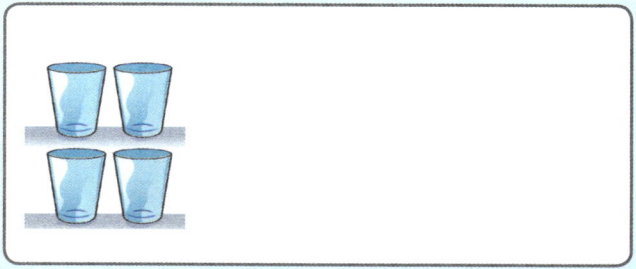

5 KARINA FAZ ANIVERSÁRIO NO DIA 15 DE JUNHO. ROGÉRIO FAZ ANIVERSÁRIO 7 DIAS DEPOIS DO DIA EM QUE KARINA FAZ. QUAL É A DATA DO ANIVERSÁRIO DE ROGÉRIO?

O ANIVERSÁRIO DE ROGÉRIO É DIA _____ DO MÊS DE _____.

QUEBRA-CUCA

OBSERVE A CENA A SEGUIR E, DEPOIS, FAÇA O QUE SE PEDE.

- QUANTOS DIAS A SALSINHA DEMOROU PARA GERMINAR?

- ESCREVA NA PLACA O DIA EM QUE O MANJERICÃO GERMINOU.

4 GIBIS POR 10 REAIS

FEIRA DE GIBIS E LIVROS USADOS
TROQUE OU COMPRE LIVROS E GIBIS

2 LIVROS POR 15 REAIS

CENÁRIO: PAULO MANZI/PERSONAGENS: ARTUR FUJITA

ADIÇÃO E SUBTRAÇÃO

SITUAÇÕES DE ADIÇÃO

1 NA ESCOLA DE CARLOS, ACONTECERÁ UMA GINCANA. OBSERVE QUANTOS ALUNOS ESTÃO SE INSCREVENDO DE MANHÃ E À TARDE PARA A GINCANA.

MANHÃ

GINCANA INSCRIÇÕES

TARDE

GINCANA INSCRIÇÕES

ILUSTRAÇÕES: CLAUDIO CHIYO

- QUANTOS ALUNOS SE INSCREVERAM NO TOTAL?

COMPLETE O CÁLCULO.

_____ + _____ = _____

NO TOTAL, _____ ALUNOS SE INSCREVERAM.

2 RESPONDA ÀS QUESTÕES.

- QUANTOS ALUNOS HÁ EM SUA CLASSE?

- TRANSFERINDO 10 ALUNOS DE OUTRA ESCOLA PARA SUA CLASSE, COM QUANTOS ALUNOS ELA FICARÁ?

- QUANTAS PÁGINAS HÁ NA UNIDADE 4 DESTE LIVRO DE MATEMÁTICA?

- NO TOTAL, HÁ QUANTAS PÁGINAS NAS UNIDADES 4 E 5 DESTE LIVRO DE MATEMÁTICA?

 RAFAEL E DÉBORA ALMOÇARAM EM UM RESTAURANTE. OBSERVE O CARDÁPIO.

CLAUDIO CHIYO

AGORA, RESPONDA ÀS QUESTÕES.

- DE QUANTOS REAIS, NO MÍNIMO, RAFAEL PRECISA PARA COMPRAR O FRANGO REAL E A JARRA DE SUCO DE MELANCIA?

O FRANGO REAL CUSTA _____ REAIS.

A JARRA DE SUCO DE MELANCIA CUSTA _____ REAIS.

PARA COMPRAR O FRANGO REAL E A JARRA DE SUCO DE MELANCIA,

RAFAEL PRECISA DE, NO MÍNIMO, _____ REAIS.

- DE QUANTOS REAIS, NO MÍNIMO, DÉBORA PRECISA PARA COMPRAR UMA SALADA E UMA JARRA DE SUCO DE LARANJA?

A SALADA CUSTA _____ REAIS.

A JARRA DE SUCO DE LARANJA CUSTA _____ REAIS.
PARA COMPRAR A SALADA E A JARRA DE SUCO DE LARANJA, DÉBORA

PRECISA DE, NO MÍNIMO, _____ REAIS.

- QUEM PRECISA DE MAIS DINHEIRO? MARQUE COM UM **X**.

☐ DÉBORA   ☐ RAFAEL

6 JÚLIA ADORA LER E PEGOU UM LIVRO NA BIBLIOTECA. LEIA AS DICAS E FAÇA UMA ESTIMATIVA DA QUANTIDADE DE PÁGINAS DESSE LIVRO.

DICAS

- JÚLIA JÁ LEU 37 PÁGINAS.
- AINDA FALTAM 51 PÁGINAS PARA JÚLIA LER.

CLAUDIO CHIYO

O LIVRO TEM APROXIMADAMENTE _____ PÁGINAS.

7 NA LOJA DE FERRAGENS, HÁ VÁRIOS GRUPOS DE OBJETOS. OBSERVE AO LADO DE CADA FOTO A SEGUIR A QUANTIDADE DE ELEMENTOS QUE HÁ DE CADA UM E, DEPOIS, FAÇA ESTIMATIVAS PARA RESPONDER ÀS QUESTÕES.

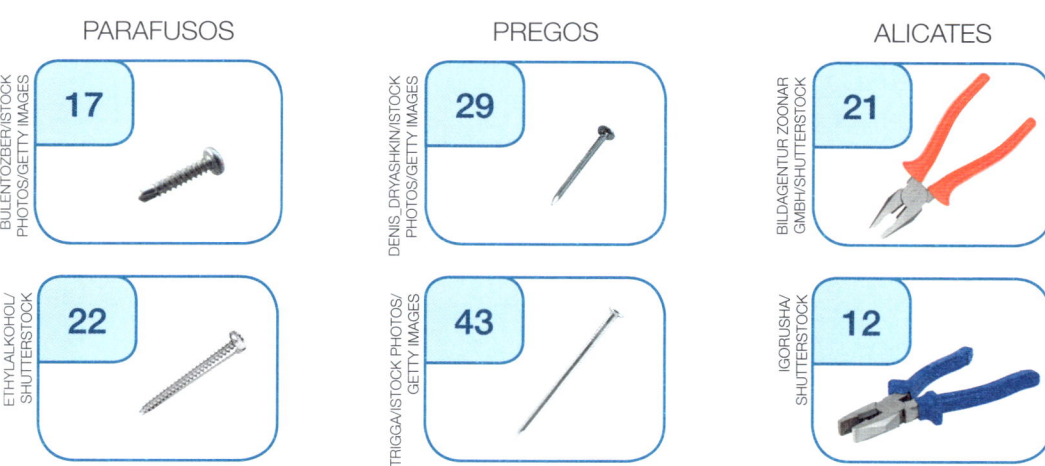

PARAFUSOS — 17 — 22

PREGOS — 29 — 43

ALICATES — 21 — 12

- DANIELA COMPROU TODOS OS PARAFUSOS. APROXIMADAMENTE QUANTOS ELA COMPROU?

- TIAGO COMPROU TODOS OS ALICATES. APROXIMADAMENTE QUANTOS ELE COMPROU?

- IARA COMPROU TODOS OS PREGOS. APROXIMADAMENTE QUANTOS ELA COMPROU?

AS IMAGENS NESTA PÁGINA NÃO ESTÃO APRESENTADAS EM ESCALA DE TAMANHO.

8 OBSERVE A PLACA QUE INDICA A CAPACIDADE DE PASSAGEIROS DE UM ÔNIBUS.

PASSAGEIROS

SENTADOS: 41 | EM PÉ: 36

- QUAL É A CAPACIDADE TOTAL DE PASSAGEIROS DESSE ÔNIBUS?

9 NA ESCOLA DE LETÍCIA, FOI INICIADA UMA CAMPANHA DE COLETA DE EMBALAGENS PARA RECICLAGEM, COMO FORMA DE CONSCIENTIZAR OS ALUNOS SOBRE OS CUIDADOS COM O MEIO AMBIENTE. A TABELA MOSTRA A QUANTIDADE ARRECADADA DE CADA MATERIAL EM DOIS DIAS.

EMBALAGENS ARRECADADAS

MATERIAL	QUANTIDADE ARRECADADA NO PRIMEIRO DIA	QUANTIDADE ARRECADADA NO SEGUNDO DIA
PLÁSTICO	47	52
METAL	62	35

FONTE: CAMPANHA DA ESCOLA DE LETÍCIA EM ABR. 2018.

- QUANTAS EMBALAGENS DE CADA MATERIAL FORAM ARRECADADAS NESSES DOIS DIAS?

PLÁSTICO [ ]   METAL [ ]

- QUAL DOS MATERIAIS TEVE MAIOR QUANTIDADE DE EMBALAGENS ARRECADADAS?

CLAUDIO CHIYO

SITUAÇÕES DE SUBTRAÇÃO

1 JOANA TEM 25 LÁPIS: 14 DELES SÃO AZUIS, E OS LÁPIS RESTANTES SÃO VERMELHOS.

- PINTE OS LÁPIS ABAIXO E DESCUBRA QUANTOS SÃO OS LÁPIS VERMELHOS DE JOANA.

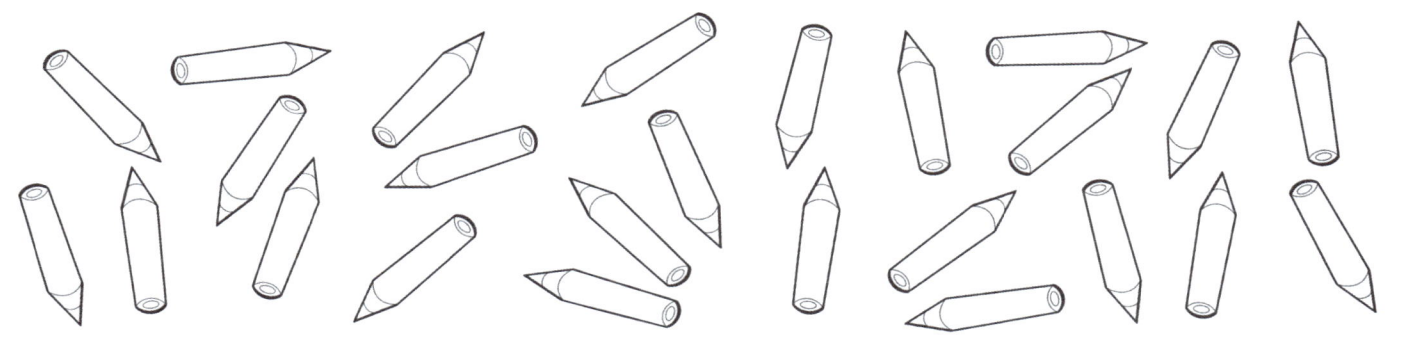

- QUANTOS LÁPIS DE CADA COR JOANA TEM?

- HÁ MAIS LÁPIS AZUIS OU VERMELHOS? _____

- PODEMOS REPRESENTAR A QUANTIDADE DE LÁPIS VERMELHOS COM

  UMA SUBTRAÇÃO. COMPLETE: 25 − 14 = _____

2 FLÁVIA TINHA 29 MAÇÃS. ELA USOU 13 PARA FAZER UMA TORTA. FAÇA UM RISCO PARA INDICAR AS MAÇÃS QUE FORAM USADAS.

- QUANTAS MAÇÃS RESTARAM? _____

- COMPLETE A SUBTRAÇÃO QUE PODE REPRESENTAR A QUANTIDADE

  DE MAÇÃS QUE RESTARAM: 29 − 13 = _____

3 VEJA COMO ARTUR CALCULOU O RESULTADO DE 68 MENOS 25.

ARTUR

> CALCULEI 68 MENOS 20 E OBTIVE 48. DEPOIS, TIREI 5 DE 48, E O RESULTADO FOI 43.

- AGORA, CALCULE O RESULTADO DAS SUBTRAÇÕES ABAIXO.

86 − 25 = _____   79 − 34 = _____

98 − 54 = _____   63 − 12 = _____

4 VEJA O QUE DIZEM AS CRIANÇAS E DEPOIS RESPONDA ÀS QUESTÕES.

> TENHO 87 CHAVEIROS.

> TENHO 15 CHAVEIROS A MENOS QUE VOCÊ.

PEDRO

CAMILA

- QUANTOS CHAVEIROS PEDRO TEM? ☐

- CAMILA TEM MAIS OU TEM MENOS CHAVEIROS QUE PEDRO?

_____

- QUE CÁLCULO VOCÊ PODE FAZER PARA DESCOBRIR QUANTOS CHAVEIROS CAMILA TEM?

- QUANTOS CHAVEIROS CAMILA TEM?

CAMILA TEM _____ CHAVEIROS.

3 VEJA QUANTOS REAIS CAROLINA E OS PAIS DELA GASTARAM NA BARRACA DE SALGADOS E NA DE BRINCADEIRAS NA FESTA JUNINA DA ESCOLA.

BARRACA DE SALGADOS	BARRACA DE BRINCADEIRAS
20 REAIS, 10 REAIS	20 REAIS, 10 REAIS, 10 REAIS

- QUANTOS REAIS FORAM GASTOS EM CADA BARRACA?

  BARRACA DE SALGADOS: _____

  BARRACA DE BRINCADEIRAS: _____

- QUAL FOI O TOTAL GASTO PELA FAMÍLIA DE CAROLINA NAS DUAS BARRACAS? FAÇA UMA ESTIMATIVA E MARQUE COM UM **X**. DEPOIS, CALCULE PARA VERIFICAR SE SUA ESTIMATIVA FOI BOA.

  ☐ MENOS DE 50 REAIS   ☐ MAIS DE 60 REAIS

4 GERALDO ESTÁ ORGANIZANDO O ESTOQUE DA PADARIA ONDE TRABALHA. VEJA O QUADRO QUE MOSTRA A QUANTIDADE DE SACOS DE FARINHA NO ESTOQUE ONTEM E HOJE.

ESTOQUE	QUANTIDADE DE SACOS
ONTEM	31
HOJE	21

- JUNTANDO A QUANTIDADE DE SACOS DE FARINHA DE ONTEM E HOJE NO ESTOQUE, QUANTOS SACOS HÁ NO TOTAL? REGISTRE SEU CÁLCULO.

5 OBSERVE A QUANTIA EM REAIS QUE JORGE TINHA E A QUANTIA EM REAIS QUE ELE GASTOU. DEPOIS, RESPONDA ÀS QUESTÕES.

JORGE TINHA	JORGE GASTOU

- QUANTOS REAIS JORGE TINHA? _____

- QUANTOS REAIS JORGE GASTOU? _____

- COM QUANTOS REAIS JORGE FICOU? _____

- QUAL SUBTRAÇÃO PODE REPRESENTAR A QUANTIA COM QUE JORGE FICOU?

  _____

6 MARTA E O IRMÃO FORAM VISITAR O AVÔ, QUE TEM 75 ANOS. O AVÔ CONTOU A ELES QUE FAZ 45 ANOS QUE ELE SE CASOU.

- QUANTOS ANOS TEM O AVÔ DE MARTA? ☐

- HÁ QUANTOS ANOS O AVÔ DE MARTA SE CASOU? ☐

- QUAL DAS SEGUINTES SUBTRAÇÕES PODE RESOLVER ESSE PROBLEMA? MARQUE COM UM **X**.

  ☐ 75 − 45   ☐ 45 − 75

- QUANTOS ANOS TINHA O AVÔ DAS CRIANÇAS QUANDO ELE SE CASOU? ☐

7 A PROFESSORA DE EDUCAÇÃO FÍSICA DOS 1ᵒˢ ANOS ESTÁ FAZENDO UMA CAMPANHA DE ARRECADAÇÃO DE PACOTES DE ALIMENTOS PARA DOAR A UMA INSTITUIÇÃO DE CRIANÇAS CARENTES.

VEJA O QUADRO COM A QUANTIDADE DE PACOTES QUE CADA TURMA DO 1º ANO JÁ CONSEGUIU ARRECADAR.

TURMA	QUANTIDADE DE PACOTES
1º A	40
1º B	10
1º C	20
1º D	60

- QUAL TURMA ARRECADOU A MAIOR QUANTIDADE DE PACOTES?

_____

- QUANTOS PACOTES O 1º C ARRECADOU A MENOS QUE O 1º A?

_____

8 DANIELA, PEDRO E MARCOS FORAM AO PARQUE DE DIVERSÕES. ELES COMPRARAM UM CARTÃO COM CRÉDITO DE 87 REAIS PARA BRINCAR. ELES JÁ GASTARAM 39 REAIS. QUANTOS REAIS EM CRÉDITO AINDA HÁ NO CARTÃO?

AINDA HÁ NO CARTÃO _____ REAIS EM CRÉDITO.

9 OS ALUNOS DO 1º A ENTREVISTARAM TODOS OS ALUNOS DA ESCOLA PARA FAZER UMA PESQUISA SOBRE O ANIMAL FAVORITO ENTRE TARTARUGA, GATO, PEIXE, CACHORRO E COELHO. CADA ALUNO SÓ PODERIA VOTAR EM UM ANIMAL. PARA APRESENTAR O RESULTADO DESSA PESQUISA, ELES CONSTRUÍRAM O GRÁFICO ABAIXO.

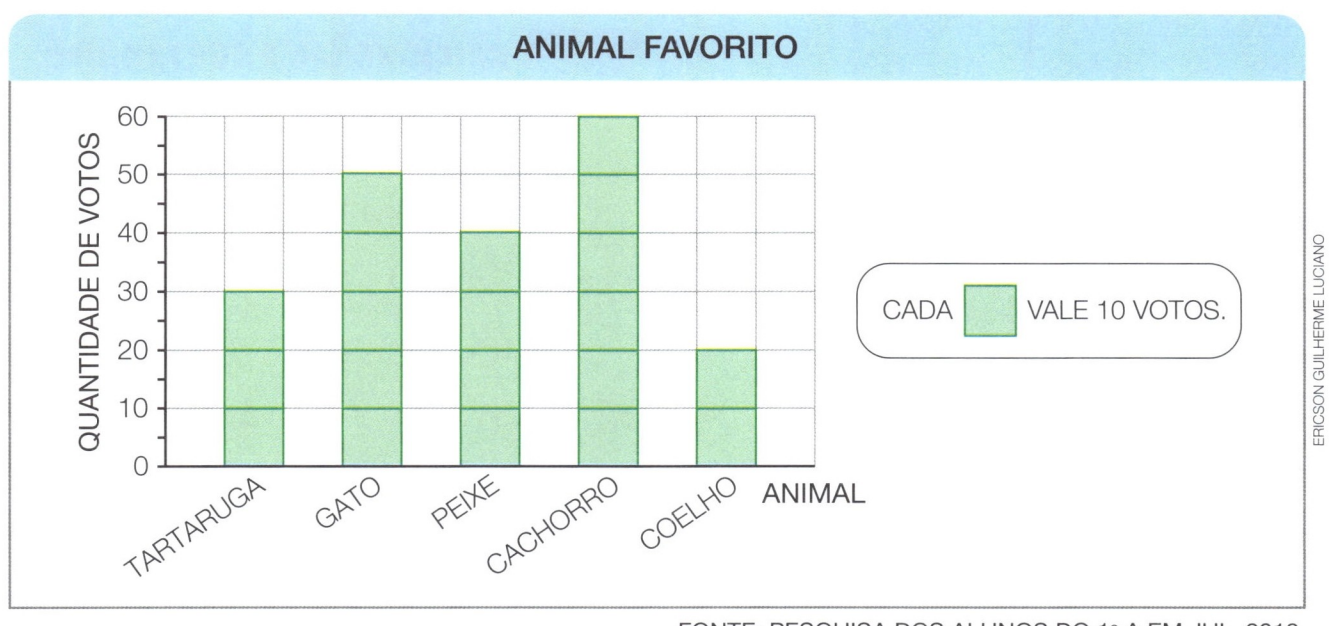

FONTE: PESQUISA DOS ALUNOS DO 1º A EM JUL. 2018.

- QUAL É A DIFERENÇA ENTRE A QUANTIDADE DE ALUNOS QUE PREFERE COELHO E A QUE PREFERE TARTARUGA?

- QUAL É A DIFERENÇA ENTRE A QUANTIDADE DE ALUNOS QUE PREFERE PEIXE E A QUE PREFERE COELHO?

- QUAL É A DIFERENÇA DE VOTOS ENTRE O ANIMAL MAIS VOTADO E O MENOS VOTADO?

10 EM UMA COMPETIÇÃO DE CICLISMO, PARTICIPAVAM 74 CICLISTAS, PORÉM 12 DELES SE RETIRARAM POR FALHAS NAS BICICLETAS. QUANTOS CICLISTAS PERMANECERAM NA COMPETIÇÃO?

PERMANECERAM NA COMPETIÇÃO _____ CICLISTAS.

ERICSON GUILHERME LUCIANO

ADICIONANDO E SUBTRAINDO

MATERIAL: TABULEIRO C, CARTAS DA FICHA 21 E 6 MARCADORES (PEDAÇOS DE PAPEL OU BOTÕES, POR EXEMPLO) PARA CADA JOGADOR.

JOGADORES: 2

REGRAS:

TABULEIRO C

ADICIONANDO E SUBTRAINDO

0	10	20	30	40	50
20	30	40	50	60	70
30	40	50	60	80	20
40	50	60	70	20	10
50	60	70	80	30	90
60	70	80	90	10	0

LINHA

COLUNA

- OS JOGADORES DECIDEM QUEM VAI COMEÇAR O JOGO. AS CARTAS SÃO EMBARALHADAS E DISTRIBUEM-SE 5 PARA CADA UM. AS CARTAS RESTANTES FICAM EM UM MONTE PARA COMPRAS.

- O JOGADOR QUE COMEÇAR O JOGO ESCOLHE UMA LINHA OU COLUNA DO TABULEIRO. SE ESCOLHER UMA LINHA, POR EXEMPLO, O OUTRO JOGADOR DEVERÁ ESCOLHER OUTRA LINHA.

- NA SUA VEZ, O JOGADOR ESCOLHE DUAS CARTAS CUJOS NÚMEROS, QUANDO ADICIONADOS OU SUBTRAÍDOS, APRESENTEM O RESULTADO NA LINHA (OU COLUNA) ESCOLHIDA NO TABULEIRO. O MARCADOR É COLOCADO SOBRE ESSE RESULTADO.

- AO USAR DUAS CARTAS, COMPRAM-SE OUTRAS DUAS DO MONTE.

- SE, NA SUA VEZ, O JOGADOR NÃO TIVER CARTAS QUE SIRVAM, DEVE COMPRAR UMA CARTA DO MONTE. SE ESTA SERVIR, COLOCA O MARCADOR NO RESULTADO NO TABULEIRO. CASO CONTRÁRIO, PASSA A VEZ.

- VENCE QUEM PREENCHER SUA LINHA (OU COLUNA) PRIMEIRO.

1 OBSERVE A COLUNA QUE MARTA ESCOLHEU E AS CARTAS QUE ELA POSSUI.

		ADICIONANDO E SUBTRAINDO			
0	10	20	30	40	50
20	30	40	50	60	70
30	40	50	60	80	20
40	50	60	70	20	10
50	60	70	80	30	90
60	70	80	90	10	0

TABULEIRO C

COLUNA ESCOLHIDA POR MARTA

• QUAIS CARTAS MARTA PODE USAR PARA COBRIR UM DOS NÚMEROS DA COLUNA QUE ELA ESCOLHEU? E QUAL OPERAÇÃO ELA PODE FAZER?

_____

_____

2 OBSERVE O TABULEIRO EM QUE CARLOS E MARIANA ESTÃO JOGANDO. CARLOS ESTÁ COM OS MARCADORES AZUIS E MARIANA COM OS MARCADORES VERDES.

• QUE CARTAS CARLOS PRECISA PARA GANHAR O JOGO?

_____

_____

TABULEIRO C

		ADICIONANDO E SUBTRAINDO			
0	10	20	30	40	50
●	30	40	●	●	●
30	40	50	60	80	20
40	50	60	70	20	10
●	●	70	●	●	●
60	70	80	90	10	0

MULTIPLICAÇÃO E DIVISÃO

SITUAÇÕES DE MULTIPLICAÇÃO

1 VEJA COMO MARINA DIVIDIU TODOS OS SEUS BOTÕES EM 3 CAIXAS E RESPONDA.

- QUANTOS BOTÕES HÁ EM CADA CAIXA? ☐

☐ + ☐ + ☐ = ☐

MARINA TEM _____ BOTÕES.

2 CONTE AS PERNAS DOS ROBÔS E COMPLETE.

1 ROBÔ TEM
_____ PERNAS.

2 ROBÔS TÊM
_____ PERNAS.

3 ROBÔS TÊM
_____ PERNAS.

3 CATARINA TEM ALGUMAS TULIPAS NO JARDIM DE SUA CASA.

- QUANTAS TULIPAS CATARINA TEM EM SEU JARDIM? ☐

4 LUCIANO ESTÁ ORGANIZANDO EM UM ÁLBUM OS SELOS QUE COLECIONA. VEJA UMA DAS PÁGINAS.

• QUANTOS SELOS HÁ NESSA PÁGINA DO ÁLBUM DE LUCIANO? _____

5 OBSERVE OS SABONETES QUE ROSANA VENDE E RESPONDA.

PROMOÇÃO
3 REAIS
CADA CESTA

• QUANTAS CESTAS DE SABONETES É POSSÍVEL COMPRAR COM 10 REAIS? REGISTRE COMO VOCÊ PENSOU.

É POSSÍVEL COMPRAR _____ CESTAS DE SABONETES.

 **6** OBSERVE AS ROUPAS DE CARLOS E FAÇA O QUE SE PEDE.

ANIMAÇÃO
DE QUANTAS MANEIRAS?

 • PINTE AS COMBINAÇÕES QUE CARLOS PODE FAZER PARA SE VESTIR COM ESSAS ROUPAS.

COMBINAÇÕES DAS ROUPAS DE CARLOS

• COM ESSAS ROUPAS, CARLOS PODE FAZER _____ COMBINAÇÕES.

 SERÁ QUE EXISTEM **OUTRAS POSSIBILIDADES** ALÉM DAS QUE VOCÊ PINTOU?

DOBRO

1 OBSERVE E COMPLETE.

EU TENHO O DOBRO DE PIRULITOS QUE A ANA TEM.

- ANA TEM ☐ PIRULITOS.

- A AMIGA DE ANA TEM ☐ PIRULITOS.

- O DOBRO DE 2 É ☐.

2 DESENHE AS FRUTAS QUE FALTAM E, DEPOIS, COMPLETE.

- O DOBRO DE 2 MORANGOS

- O DOBRO DE 3 CEREJAS

- O DOBRO DE _____ MORANGOS

  É _____ MORANGOS.

- O DOBRO DE _____ CEREJAS

  É _____ CEREJAS.

KIRLLEY VELOSO

ILUSTRAÇÕES: ALEXANDRE MATOS

SITUAÇÕES DE DIVISÃO

1 DISTRIBUA OS 6 ADESIVOS DA FICHA 26 ENTRE OS 2 CADERNOS E COLE-OS DE MODO QUE OS CADERNOS FIQUEM COM A MESMA QUANTIDADE DE ADESIVOS.

- CADA CADERNO FICOU COM QUANTOS ADESIVOS?

2 DISTRIBUA IGUALMENTE OS *CUPCAKES* NAS 2 BANDEJAS.

3 DISTRIBUA OS PONTOS EM 2 PARTES IGUAIS E DESCUBRA QUAL É A PEÇA DE DOMINÓ.

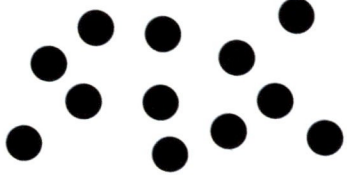 

4 AGRUPE OS CARRINHOS DE 4 EM 4.

- QUANTOS CARRINHOS HÁ NO DESENHO ACIMA? ☐

- QUANTOS GRUPOS DE 4 CARRINHOS VOCÊ FORMOU? ☐

- SOBROU ALGUM CARRINHO? _____

5 RESPONDA DE ACORDO COM O DESENHO.

VAMOS FORMAR GRUPOS DE 5 ALUNOS.

- QUANTOS GRUPOS DE 5 ALUNOS A PROFESSORA CONSEGUIRÁ

  FORMAR? ☐

- SOBRARÁ ALGUM ALUNO? _____

6 OBSERVE O DINHEIRO DE ADELAIDE.

ELA REPARTIU IGUALMENTE ESSE DINHEIRO ENTRE SEUS FILHOS. CADA
UM RECEBEU 3 REAIS.

- QUANTOS FILHOS ADELAIDE TEM?

METADE

1 CONTORNE METADE DA QUANTIDADE DE CAJUS E COMPLETE.

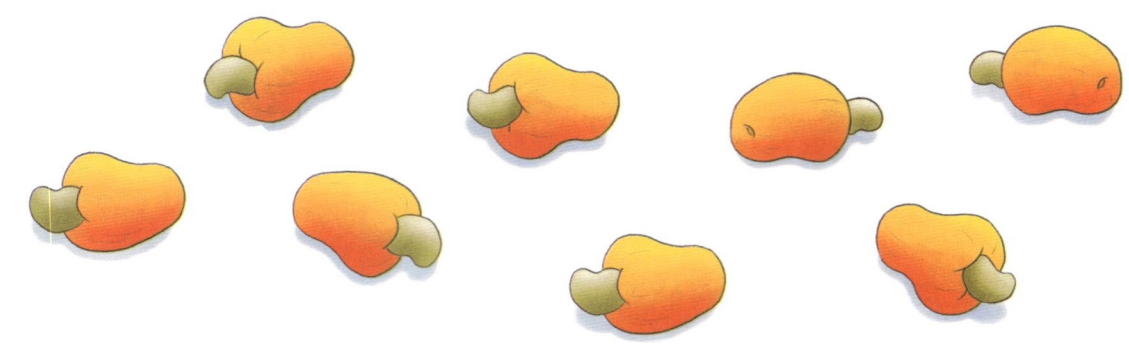

METADE DE ___8___ CAJUS É _____ CAJUS.

2 VIVIANE COMPROU AS CEREJAS MOSTRADAS ABAIXO E COMERÁ METADE DA QUANTIDADE DE CEREJAS QUE COMPROU. PINTE AS CEREJAS QUE VIVIANE COMERÁ.

METADE DE 10 CEREJAS É _____ CEREJAS.

3 MARINA COMPROU 10 PIRULITOS E DEU METADE DA QUANTIDADE PARA LUCAS. DESENHE QUANTOS PIRULITOS LUCAS GANHOU.

ATIVIDADE
DIVISÃO

A MATEMÁTICA ME AJUDA A SER...

... UMA PESSOA QUE PRESERVA A NATUREZA

VOCÊ SABIA QUE O PEIXE-BOI-DA-AMAZÔNIA É UM DOS ANIMAIS MAIS AMEAÇADOS DE NOSSO PAÍS?

ELE ESTÁ EM EXTINÇÃO POR CAUSA DA CAÇA SEM CONTROLE, DA MORTE ACIDENTAL EM REDES DE PESCA, DO ENCALHE DE FILHOTES ÓRFÃOS E DO ESTRAGO AMBIENTAL.

NO MUNDO, HÁ QUATRO ESPÉCIES DE PEIXE-BOI. O PEIXE-BOI-DA-AMAZÔNIA É UM DELES E VIVE APENAS EM ÁGUA DOCE, NA REGIÃO AMAZÔNICA, NO BRASIL.

ELE CHEGA A MEDIR MAIS DE 3 METROS. CADA GESTAÇÃO DURA 12 MESES, GERANDO APENAS 1 FILHOTE, E SÓ ACONTECE DE 3 EM 3 ANOS. APÓS O NASCIMENTO, O FILHOTE PASSA PELO MENOS 2 ANOS AO LADO DA MÃE.

PEIXE-BOI-DA-AMAZÔNIA (*TRICHECHUS INUNGUIS*), 8 DEZ. 2012.

TOME NOTA

1 PESQUISE O SIGNIFICADO DA PALAVRA EXTINÇÃO. _____

_____

2 EM QUAL REGIÃO VIVE O PEIXE-BOI-DA-AMAZÔNIA? _____

3 A GESTAÇÃO DO PEIXE-BOI-DA-AMAZÔNIA DURA MAIS DE 10 MESES?

_____

REFLITA

O QUE PODEMOS FAZER PARA PROTEGER ESSE ANIMAL?

COMPREENDER INFORMAÇÕES

LER E INTERPRETAR INFORMAÇÕES EM TABELAS E EM GRÁFICOS

1 ENILDE ORGANIZOU SEU PEDIDO COM A QUANTIDADE DE CADA SALGADINHO NA TABELA A SEGUIR.

PEDIDO DE SALGADINHOS

TIPO	COXINHA	ESFIRRA	RISSOLE	BOLINHA DE QUEIJO
QUANTIDADE	70	40	50	60

FONTE: PEDIDO DE SALGADINHOS DE ENILDE EM JAN. 2018.

- QUE TIPO DE SALGADINHO FOI ENCOMENDADO EM MENOR QUANTIDADE? _____

- QUANTAS COXINHAS FORAM ENCOMENDADAS A MAIS QUE BOLINHAS DE QUEIJO? _____

- QUANTAS EMPADINHAS FORAM ENCOMENDADAS?

_____

2 EM UM POSTO DE SAÚDE, FOI APLICADA A DOSE DE REFORÇO DA VACINA CONTRA MENINGITE EM CRIANÇAS DE 1 ANO.

REFORÇO DA VACINA CONTRA MENINGITE

DIA DA SEMANA	SEGUNDA--FEIRA	TERÇA--FEIRA	QUARTA--FEIRA	QUINTA--FEIRA	SEXTA--FEIRA
QUANTIDADE DE CRIANÇAS	22	10	23	10	5

FONTE: POSTO DE SAÚDE PESQUISADO EM ABR. 2018.

- ATÉ QUARTA-FEIRA, QUANTAS CRIANÇAS RECEBERAM A DOSE DE REFORÇO? _____

3 ANA FOI À FEIRA E COMPROU ALGUMAS FRUTAS. OBSERVE O GRÁFICO DE COLUNAS, QUE MOSTRA A QUANTIDADE DE CADA FRUTA COMPRADA.

- QUAIS FRUTAS FORAM COMPRADAS POR ANA?

- AO TODO, QUANTAS FRUTAS FORAM COMPRADAS?

- FORAM COMPRADOS MAIS ABACAXIS OU MAÇÃS?

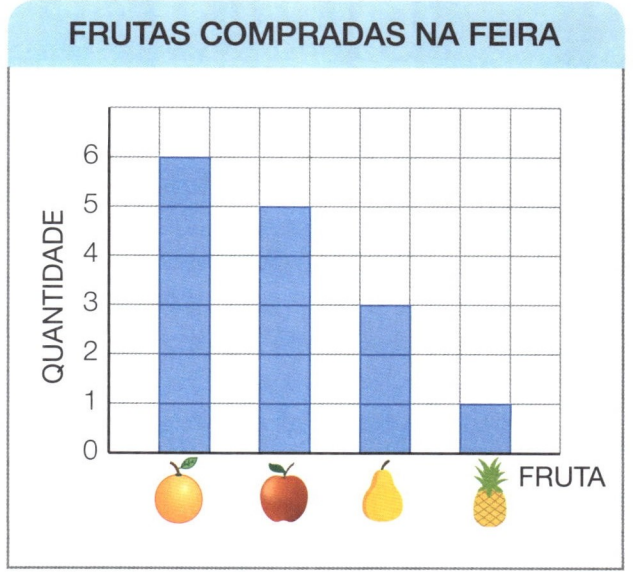

FONTE: COMPRAS DE ANA EM JAN. 2018.

4 OBSERVE O GRÁFICO QUE O PROFESSOR BETO FEZ SOBRE O ESPORTE PREFERIDO DE SEUS ALUNOS.

- CADA QUADRINHO PINTADO NO GRÁFICO CORRESPONDE A QUANTOS VOTOS?

_____

- A MENOR COLUNA CORRESPONDE A QUE ESPORTE?

_____

- QUE ESPORTE FOI MAIS VOTADO? EXPLIQUE COMO VOCÊ PENSOU PARA RESPONDER.

_____

- QUANTOS ALUNOS PARTICIPARAM DESSA PESQUISA?

_____

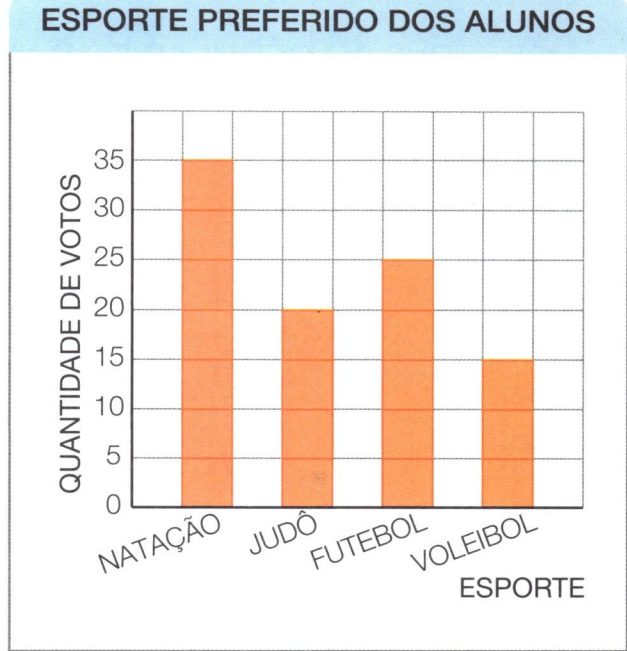

FONTE: PESQUISA DO PROFESSOR BETO EM MAR. 2018.

ILUSTRAÇÕES: ERICSON GUILHERME LUCIANO

CÁLCULO MENTAL

1 VAMOS BRINCAR DE CAÇAR AS SEQUÊNCIAS DE NÚMEROS?

2, 4, 6, 8   1, 2, 3, 4, 5   11, 14, 17, 20

1, 3, 5, 7, 9   6, 9, 12, 15   0, 5, 10, 15, 20

1	2	4	6	8	11
2	0	9	9	17	14
3	11	12	7	0	17
4	6	9	12	15	20
5	1	3	5	7	9
20	0	5	10	15	20

PINTE CADA SEQUÊNCIA CONFORME A LEGENDA.

2 OBSERVE AS CÉDULAS E AS MOEDAS DE ALFREDO E JULIANA E COMPLETE.

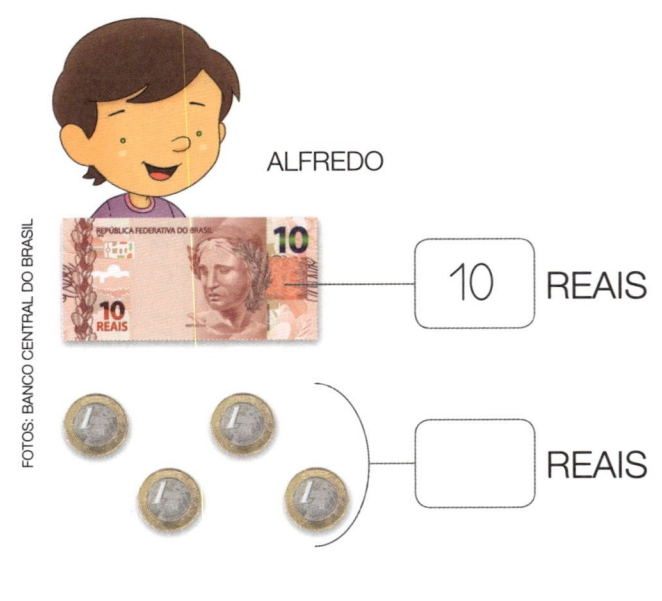

ALFREDO

| 10 | REAIS

| | REAIS

ALFREDO TEM _____ REAIS NO TOTAL.

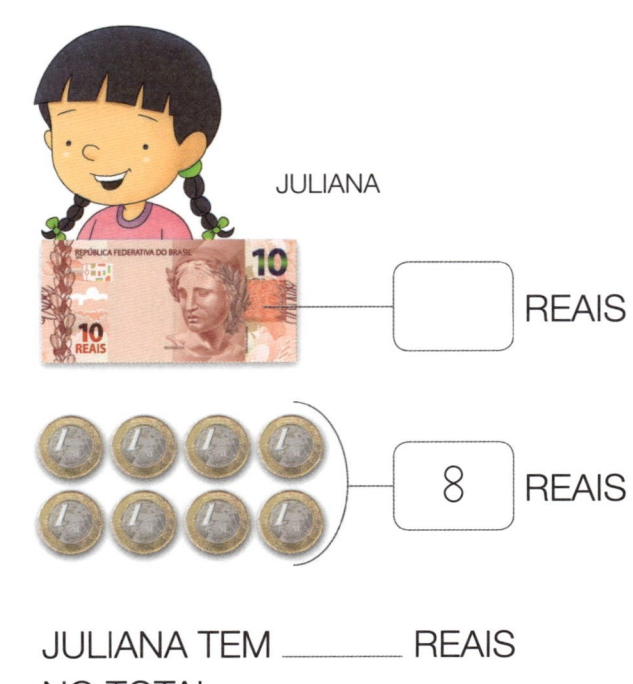

JULIANA

| | REAIS

| 8 | REAIS

JULIANA TEM _____ REAIS NO TOTAL.

3 ESCREVA A QUANTIDADE EM CADA CASO.

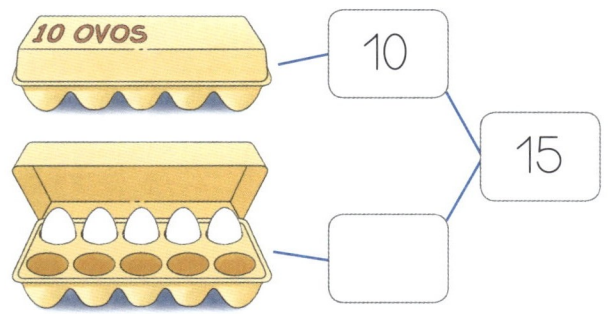

10 OVOS — 10

15

11

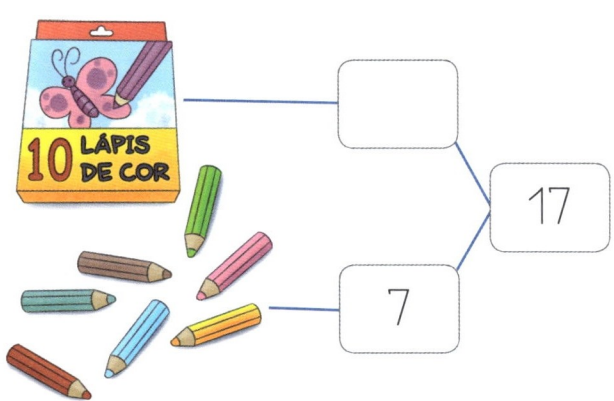

10 LÁPIS DE COR

17

7

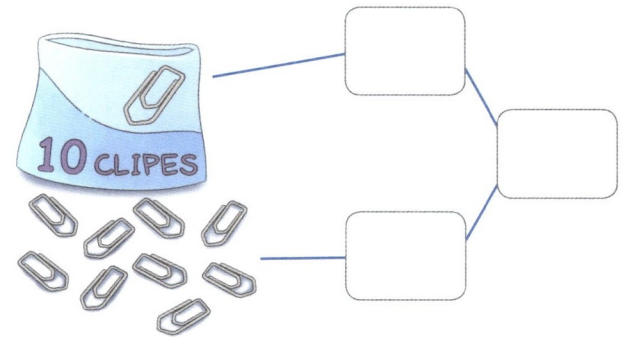

10 CLIPES

4 COMPLETE OS QUADROS DE PREÇOS DA PAPELARIA.

2 REAIS

5 REAIS

PREÇO DAS CANETAS

CANETAS	PREÇO (EM REAIS)

PREÇO DOS CADERNOS

CADERNOS	PREÇO (EM REAIS)

1 SANDRA E CLÁUDIA ESTÃO LENDO UM LIVRO PARA FAZER UM TRABALHO DA ESCOLA. SANDRA JÁ LEU 73 PÁGINAS, E CLÁUDIA, 98. QUANTAS PÁGINAS CLÁUDIA LEU A MAIS QUE SANDRA?

CLÁUDIA LEU _____ PÁGINAS A MAIS QUE SANDRA.

2 DESCUBRA O NÚMERO QUE FALTA E COMPLETE O QUADRO.

NÚMERO	NÚMERO ADICIONADO	RESULTADO
49		69
	24	88
56	12	
83	15	
	12	

3 ROSA RECEBEU UMA CÉDULA DE 100 REAIS DE SEU PAI. ELA QUER TROCAR ESSA CÉDULA. ESCREVA QUANTAS CÉDULAS ELA TERÁ AO FAZER ESSA TROCA, EM CADA CASO.

[ ] CÉDULAS.

[ ] CÉDULAS.

[ ] CÉDULAS.

[ ] CÉDULAS.

4 DISTRIBUA AS 8 CENOURAS ENTRE OS 2 COELHOS, LIGANDO AS CENOURAS AOS COELHOS, DE MODO QUE ELES FIQUEM COM A MESMA QUANTIDADE DE CENOURAS.

- QUANTAS CENOURAS CADA COELHO RECEBEU? ☐

UMA PARTIDA DE BASQUETE É ORGANIZADA EM 4 PERÍODOS. VEJA A PONTUAÇÃO DE DUAS EQUIPES EM CADA PERÍODO. DEPOIS, FAÇA O QUE SE PEDE.

PONTUAÇÃO DAS EQUIPES POR PERÍODO

EQUIPE	1º PERÍODO	2º PERÍODO	3º PERÍODO	4º PERÍODO
AZUL	10	20	11	10
VERDE	6	20	10	12

FONTE: PARTIDA DE BASQUETE EM SET. 2018.

- É POSSÍVEL SABER QUEM GANHOU A PARTIDA SEM CALCULAR O TOTAL DE PONTOS? CONVERSE COM UM COLEGA.

- COMPLETE O PLACAR AO LADO COM O TOTAL DE PONTOS DE CADA EQUIPE.

AZUL ▮▮:▮▮ VERDE
PERÍODO 4

- QUAL EQUIPE GANHOU A PARTIDA? _____

- QUANTOS PONTOS A MAIS A EQUIPE VENCEDORA FEZ? ☐

ILUSTRAÇÕES: EDSON FARIAS

CLAUDIO CHIYO

ESCOLA

BIBLIOTECA

17

19

NOSSO MERCADO

PADARIA

21

26

35

44

FARMÁCIA

FORMANDO NÚMEROS

ILUSTRAÇÕES: EDDE WAGNER

1 UTILIZE AS CARTAS DA FICHA 22.

- SEPARE AS SEGUINTES CARTAS:

- USANDO APENAS DUAS DESSAS CARTAS POR VEZ, FORME TODOS OS NÚMEROS POSSÍVEIS. DEPOIS, ESCREVA OS NÚMEROS QUE VOCÊ FORMOU.

12

_____   _____   _____

_____   _____   _____

_____   _____   _____

- QUAL DOS NÚMEROS FORMADOS É O MAIOR? ☐

- QUAL DOS NÚMEROS FORMADOS É O MENOR? ☐

2 SEPARE AS CARTAS.

- QUAL É O MAIOR NÚMERO QUE VOCÊ CONSEGUE FORMAR USANDO APENAS DUAS DESSAS CARTAS? ☐

- QUAL É O MENOR NÚMERO QUE VOCÊ PODE FORMAR COM DUAS DESSAS CARTAS? ☐

3 MUITAS PESSOAS COMPRARAM BILHETES NUMERADOS PARA ASSISTIR A UM JOGO DE BASQUETE, MAS ALGUMAS CADEIRAS DA ARQUIBANCADA NÃO ESTÃO NUMERADAS. VAI SER UMA CONFUSÃO NA HORA DE CADA UM ENCONTRAR O LUGAR!

- AJUDE A EVITAR ESSA CONFUSÃO, NUMERANDO OS ASSENTOS QUE ESTÃO SEM NÚMERO.

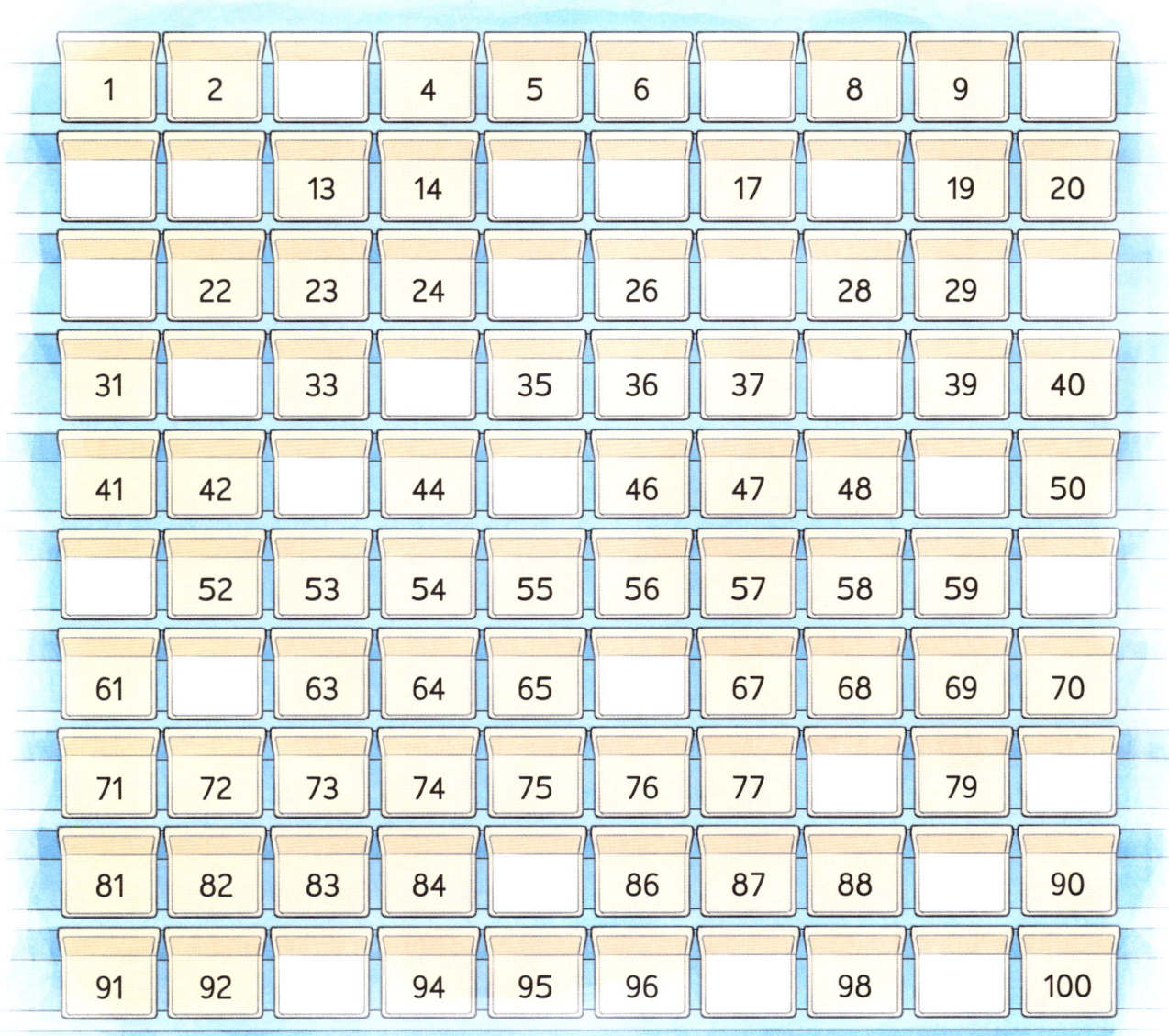

1	2		4	5	6		8	9	
		13	14			17		19	20
	22	23	24		26		28	29	
31		33		35	36	37		39	40
41	42		44		46	47	48		50
	52	53	54	55	56	57	58	59	
61		63	64	65		67	68	69	70
71	72	73	74	75	76	77		79	
81	82	83	84		86	87	88		90
91	92		94	95	96		98		100

- MARQUE COM UM **X** A QUANTIDADE DE CADEIRAS QUE ESTAVAM SEM NÚMERO.

☐ MAIS DE 30 CADEIRAS   ☐ MENOS DE 30 CADEIRAS

VAMOS JOGAR?

COBRAS E ESCADAS

MATERIAL: TABULEIRO D, DADO E MARCADORES DA FICHA 23.

PARA JOGAR MUITAS VEZES

JOGADORES: 2 A 4.

REGRAS:

- CADA JOGADOR LANÇA O DADO NA SUA VEZ E ANDA O NÚMERO DE CASAS INDICADO PELO DADO, INICIANDO A CONTAGEM NA CASA DE NÚMERO 1.

- SE O SEU MARCADOR PARAR EM UMA CASA COM O PÉ DA ESCADA, AVANCE ATÉ A CASA DO TOPO DA ESCADA. SE ELE PARAR EM UMA CASA COM A CABEÇA DA COBRA, VOLTE ATÉ A CASA CORRESPONDENTE À CAUDA DELA.

- NÃO VALE DESCER POR UMA ESCADA NEM SUBIR POR UMA COBRA!

- VENCE QUEM CHEGAR PRIMEIRO AO NÚMERO 100.

Reprodução proibida. Art. 184 do Código Penal e Lei 9.610 de 19 de fevereiro de 1998.

VEJA SE ENTENDEU

EM CERTO MOMENTO DO JOGO, FÁBIO, CUJO MARCADOR É VERDE, TIROU 6 NO DADO.

MARQUE COM UM **X** O NÚMERO DA CASA EM QUE ELE VAI PARAR.

41 ☐   63 ☐

85 ☐

HÉLIO SENATORE/ENÁGIO COELHO

VEJA COMO ESTÁ A PARTIDA ENTRE  (MARCADOR VERDE)

E  (MARCADOR VERMELHO).

TABULEIRO D COBRAS E ESCADAS

100	99	98	97	96	95	94	93	92	91
81	82	83	84	85	86	87	88	89	90
80	79	78	77	76	75	74	73	72	71
61	62	63	64	65	66	67	68	69	70
60	59	58	57	56	55	54	53	52	51
41	42	43	44	45	46	47	48	49	50
40	39	38	37	36	35	34	33	32	31
21	22	23	24	25	26	27	28	29	30
20	19	18	17	16	15	14	13	12	11
1	2	3	4	5	6	7	8	9	10

-  ESTÁ QUANTAS CASAS À FRENTE DE  ? ☐

- ASSINALE ABAIXO OS RESULTADOS QUE PERMITEM QUE

  ULTRAPASSE  NESTA JOGADA.

  1 ☐   2 ☐   3 ☐   4 ☐   5 ☐

- E, SE  TIRAR 6, O QUE ACONTECERÁ?

GEOMETRIA

QUAL É A MINHA POSIÇÃO?

1 OBSERVE A CENA.

- O QUE HÁ EMBAIXO DA PONTE? _____

- A TOALHA COM OS ITENS DO PIQUENIQUE ESTÁ DE QUAL LADO

  DO HOMEM? _____

- EM RELAÇÃO À MENINA, A TOALHA COM OS ITENS DO PIQUENIQUE

  ESTÁ DE QUAL LADO? _____

- O CARRO ESTÁ EM CIMA OU EMBAIXO DA PONTE? _____

2 ESTA É UMA REPRESENTAÇÃO DA SALA DE ROBERTA.

ATRÁS

NA FRENTE

ESQUERDO

DIREITO

ENTRE

- COMPLETE COM OS TERMOS EM DESTAQUE NA COR VERDE.

ROBERTA SENTA _____ DE CAIO E _____

DE FABIANA. DO LADO _____ DE ROBERTA SENTA

CLÁUDIO E DO LADO _____ DELA SENTA LORENZO.

ROBERTA SENTA _____ CLÁUDIO E LORENZO.

3 SIGA AS DICAS PARA ORGANIZAR A COZINHA DE JOSÉ CARLOS.

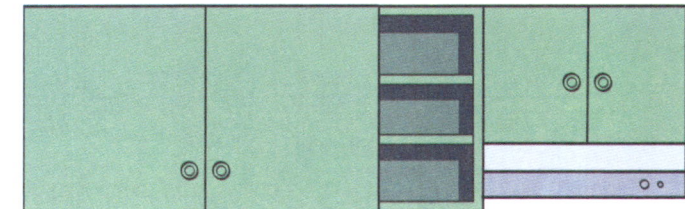

DICAS

- DESENHE 4 COPOS NA PRATELEIRA QUE ESTÁ EMBAIXO DA PIA.
- DESENHE UMA PANELA EM CIMA DO FOGÃO.

ILUSTRAÇÕES: CLAUDIO CHIYO

FIGURAS GEOMÉTRICAS

1 MARQUE COM UM **X** O OBJETO QUE SE PARECE COM .

 **2** NA ESCOLA DE ELIS, FOI REALIZADA UMA FEIRA DOS ESTADOS BRASILEIROS. ELIS É BAIANA E FEZ, PARA APRESENTAR NA FEIRA, UM MURAL COM ALGUMAS INFORMAÇÕES, FOTOS E A BANDEIRA DO ESTADO EM QUE NASCEU.

- EM QUAL ESTADO ELIS NASCEU? _____

- QUE TIPO DE FIGURAS GEOMÉTRICAS PODEMOS IDENTIFICAR NA BANDEIRA DO MURAL FEITO POR ELIS?

☐ FIGURAS GEOMÉTRICAS PLANAS

☐ FIGURAS GEOMÉTRICAS NÃO PLANAS

- QUAIS SÃO AS FIGURAS GEOMÉTRICAS QUE PODEMOS IDENTIFICAR NA BANDEIRA DO ESTADO EM QUE ELIS NASCEU?

_____

_____

 DENTRE AS BANDEIRAS DOS ESTADOS BRASILEIROS, APENAS NA DA BAHIA PODEMOS IDENTIFICAR FIGURAS GEOMETRICAS? E NAS DOS OUTROS ESTADOS? **PENSE E PESQUISE** ANTES DE RESPONDER A ESTAS QUESTÕES.

GRANDEZAS E MEDIDAS

MEDIDAS DE TEMPO

1 COMPLETE COM OS MESES QUE FALTAM.

MARÇO	_____	OUTUBRO
_____	AGOSTO	_____
JULHO	JANEIRO	_____
_____	NOVEMBRO	_____

AGORA, FAÇA O QUE SE PEDE.

• PINTE DE  O PRIMEIRO MÊS DO ANO.

• PINTE DE O DÉCIMO SEGUNDO MÊS DO ANO.

• PINTE DE O MÊS EM QUE VOCÊ FAZ ANIVERSÁRIO.

2 AS CENAS ESTÃO FORA DE ORDEM. NUMERE-AS NA ORDEM EM QUE ACONTECERAM.

OUTRAS MEDIDAS

1 OBSERVE OS PEDAÇOS DE FITA DESENHADOS A SEGUIR E CONTORNE AQUELE QUE NÃO É O MAIS CURTO NEM O MAIS COMPRIDO.

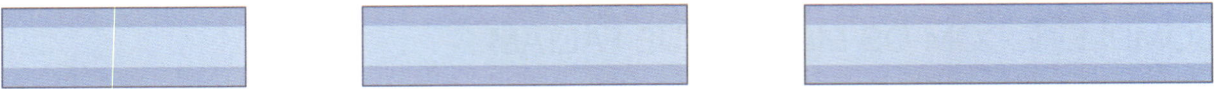

2 CONVERSE COM OS COLEGAS E DESENHE DUAS SITUAÇÕES: UMA EM QUE SE MEDE O COMPRIMENTO DE OBJETOS E OUTRA EM QUE SE MEDE A ALTURA DE PESSOAS.

3 QUAL COPO VOCÊ ESCOLHERIA PARA TOMAR SUCO? POR QUÊ?

ÁLGEBRA

PADRÕES

1 RICARDO COLECIONA FLORES SECAS, OU SEJA, FLORES QUE CAÍRAM DAS ÁRVORES. EM ALGUMAS DELAS, HÁ 5 PÉTALAS E, EM OUTRAS, 4 PÉTALAS. OBSERVE A ILUSTRAÇÃO A SEGUIR E RESPONDA ÀS QUESTÕES.

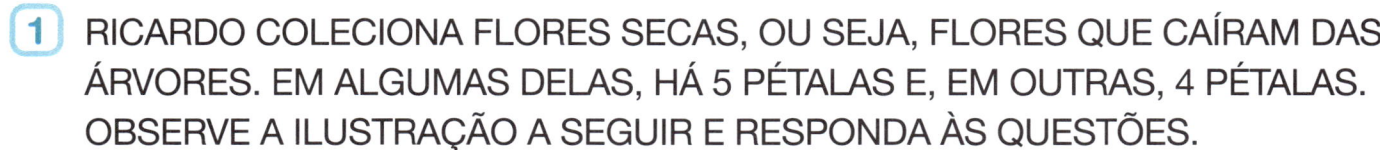

- QUANTAS PÉTALAS HÁ NO TOTAL? _____

 • RICARDO DESEJA ORGANIZAR ESSAS FLORES EM DUAS CAIXAS DIFERENTES. QUE CRITÉRIO VOCÊ PODERIA SUGERIR A RICARDO PARA FAZER ESSA ORGANIZAÇÃO?

2 OBSERVE A SEQUÊNCIA.

- CONTORNE O PRÓXIMO BORRÃO DA SEQUÊNCIA.

- MARQUE COM UM **X** O QUE ESTÁ VARIANDO NA SEQUÊNCIA.

| ☐ TAMANHO | ☐ COR | ☐ FORMA |

- DESENHE O PADRÃO DESSA SEQUÊNCIA.

CLAUDIO CHIYO

ALEXANDRE MATTOS

3 MARQUE COM UM **X** O QUE VARIA NO PADRÃO DE CADA SEQUÊNCIA.

☐ TAMANHO ☐ COR ☐ FORMA

☐ TAMANHO ☐ COR ☐ FORMA

4 CRIE UMA SEQUÊNCIA CUJO PADRÃO ATENDA AO SOLICITADO.

INVENTE, USE SUA IMAGINAÇÃO.

• COR

• TAMANHO

• FORMA E COR

PROBLEMAS

1 ANA E RENATO COLECIONAM SELOS. ANA TINHA 24 SELOS
E GANHOU 12. RENATO TINHA 12 SELOS E GANHOU 24.

- COM QUANTOS SELOS CADA UM FICOU?

ANA FICOU COM _____ SELOS, E RENATO, COM _____ SELOS.

- QUEM FICOU COM A MAIOR QUANTIDADE DE SELOS: ANA
OU RENATO?

2 EM UM PRÉDIO COM 48 APARTAMENTOS,
HÁ APARTAMENTOS COM DOIS OU
TRÊS DORMITÓRIOS. NESSE PRÉDIO,
HÁ, EXATAMENTE, 12 APARTAMENTOS
COM TRÊS DORMITÓRIOS. QUANTOS
SÃO OS APARTAMENTOS COM DOIS
DORMITÓRIOS?

_____

3 OBSERVE A QUANTIA DE DINHEIRO QUE VANESSA LEVOU À LOJA.

- DEPOIS DE VANESSA COMPRAR UMA
CAMISETA POR 45 REAIS E UM LENÇO
POR 15 REAIS, QUANTO SOBROU
DE DINHEIRO?

_____

COMO ORGANIZAR DADOS

1 NA DANÇA DA FESTA ANUAL DAS FLORES DA ESCOLA, CADA CASAL DE ALUNOS ESCOLHEU UMA FLOR PARA USAR: UM CASAL ESCOLHEU MARGARIDAS, TRÊS CASAIS ESCOLHERAM CRAVOS, DOIS CASAIS, AZALEIAS, E QUATRO CASAIS, ROSAS. CADA ALUNO RECEBERÁ UMA FLOR DO TIPO ESCOLHIDO.

- COMPLETE A TABELA COM A QUANTIDADE CORRESPONDENTE DE FLORES PARA ESSES CASAIS.

FLORES ESCOLHIDAS

TIPO DE FLOR	MARGARIDA	CRAVO	AZALEIA	ROSA
QUANTIDADE		6		

FONTE: FESTA ANUAL DAS FLORES, 2017.

- COM BASE NOS DADOS DA TABELA, PINTE AS COLUNAS PARA COMPLETAR O GRÁFICO.

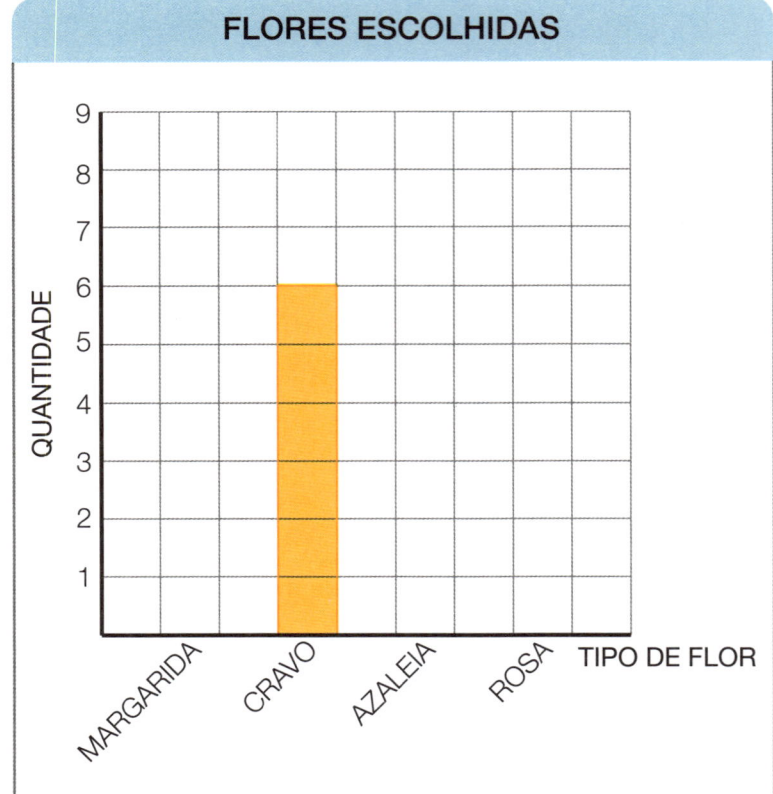

FONTE: FESTA ANUAL DAS FLORES, 2017.

- AO TODO, QUANTAS FLORES FORAM ESCOLHIDAS?

_____

- QUAL TIPO DE FLOR FOI O MAIS ESCOLHIDO?

_____

ERICSON GUILHERME LUCIANO

2 OBSERVE OS DESENHOS DE FIGURAS GEOMÉTRICAS PLANAS A SEGUIR E FAÇA O QUE SE PEDE.

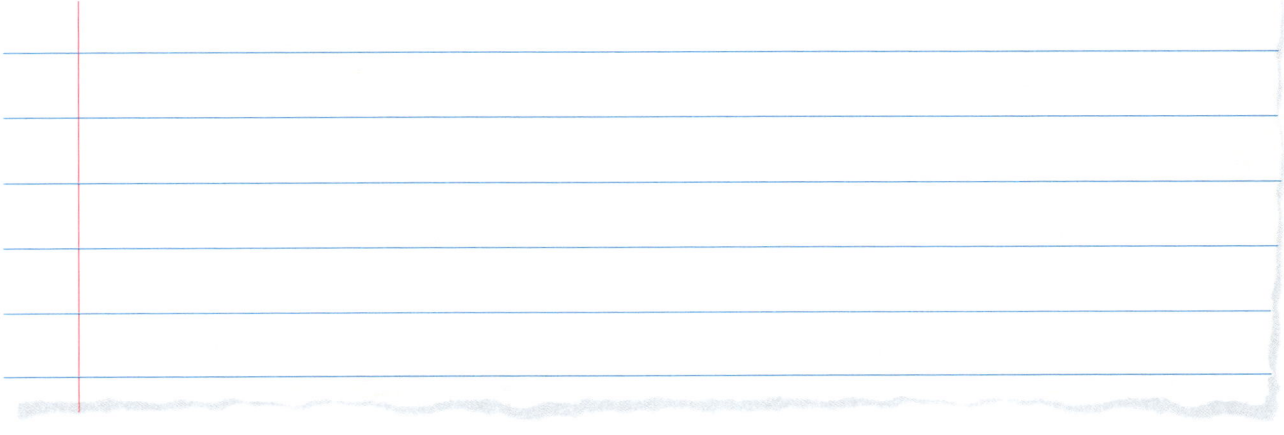

- CRIE E REGISTRE UMA ESTRATÉGIA PARA ORGANIZAR E QUANTIFICAR AS FIGURAS GEOMÉTRICAS PLANAS ACIMA.

- A PARTIR DOS DADOS QUE VOCÊ ORGANIZOU, CONSTRUA UM GRÁFICO PARA EXIBI-LOS.

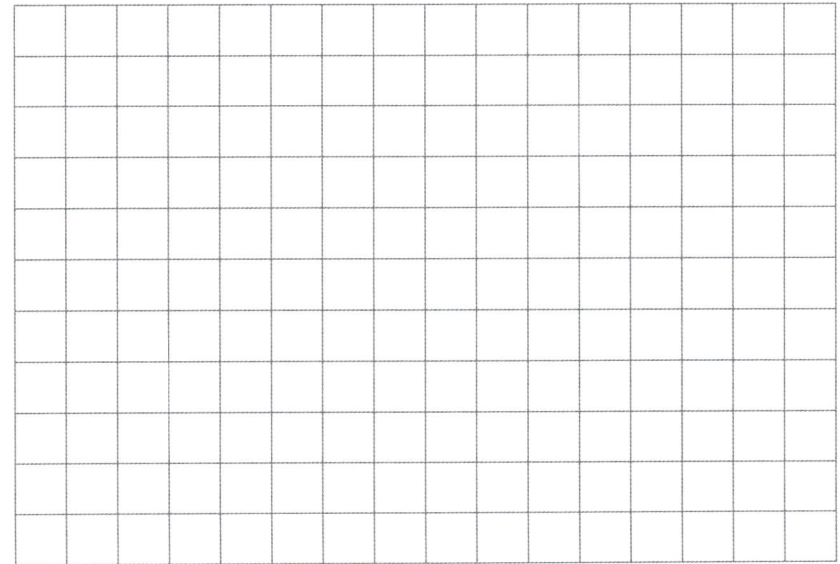

 ELABORE UMA QUESTÃO QUE POSSA SER RESPONDIDA COM BASE NO GRÁFICO QUE VOCÊ DESENHOU.

1 VEJA UM MOMENTO DE UMA CORRIDA DE PULGAS.

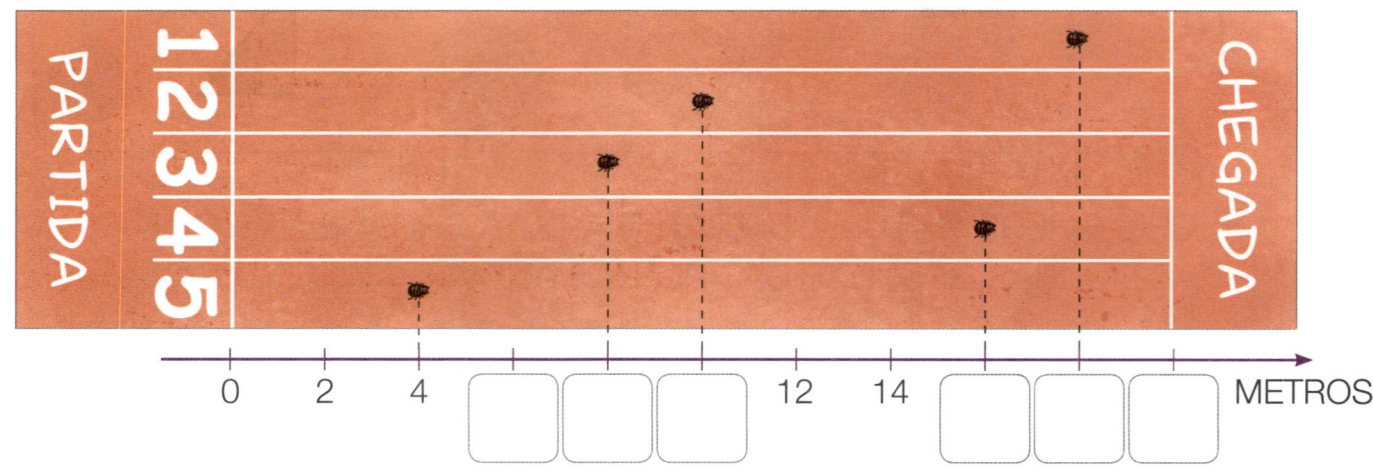

COMPLETE A RETA NUMÉRICA E RESPONDA ÀS QUESTÕES.

- QUANTOS METROS DE COMPRIMENTO TEM A PISTA? _____ METROS.

- QUANTOS METROS JÁ PERCORREU A PULGA QUE ESTÁ EM

  PRIMEIRO LUGAR? _____ METROS.

- DE QUANTOS METROS É A DISTÂNCIA QUE SEPARA A PULGA QUE
  ESTÁ EM SEGUNDO LUGAR DA QUE ESTÁ EM QUINTO LUGAR?

  _____ METROS.

2 ENCONTRE A REGRA E DEPOIS COMPLETE COM NÚMEROS OS SALTOS
DAS CRIANÇAS.

- REGRA: SALTOS DE

  3 EM 3 .

  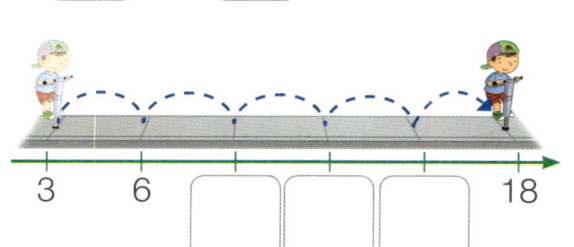

- REGRA: SALTOS DE

  [ ] EM [ ] .

  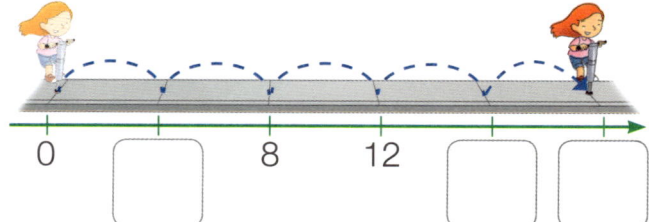

3 CONTE OS CARROS DE CADA TIPO E PINTE NAS COLUNAS A QUANTIDADE CORRESPONDENTE. DEPOIS, ESCREVA O NÚMERO QUE REPRESENTA CADA QUANTIDADE.

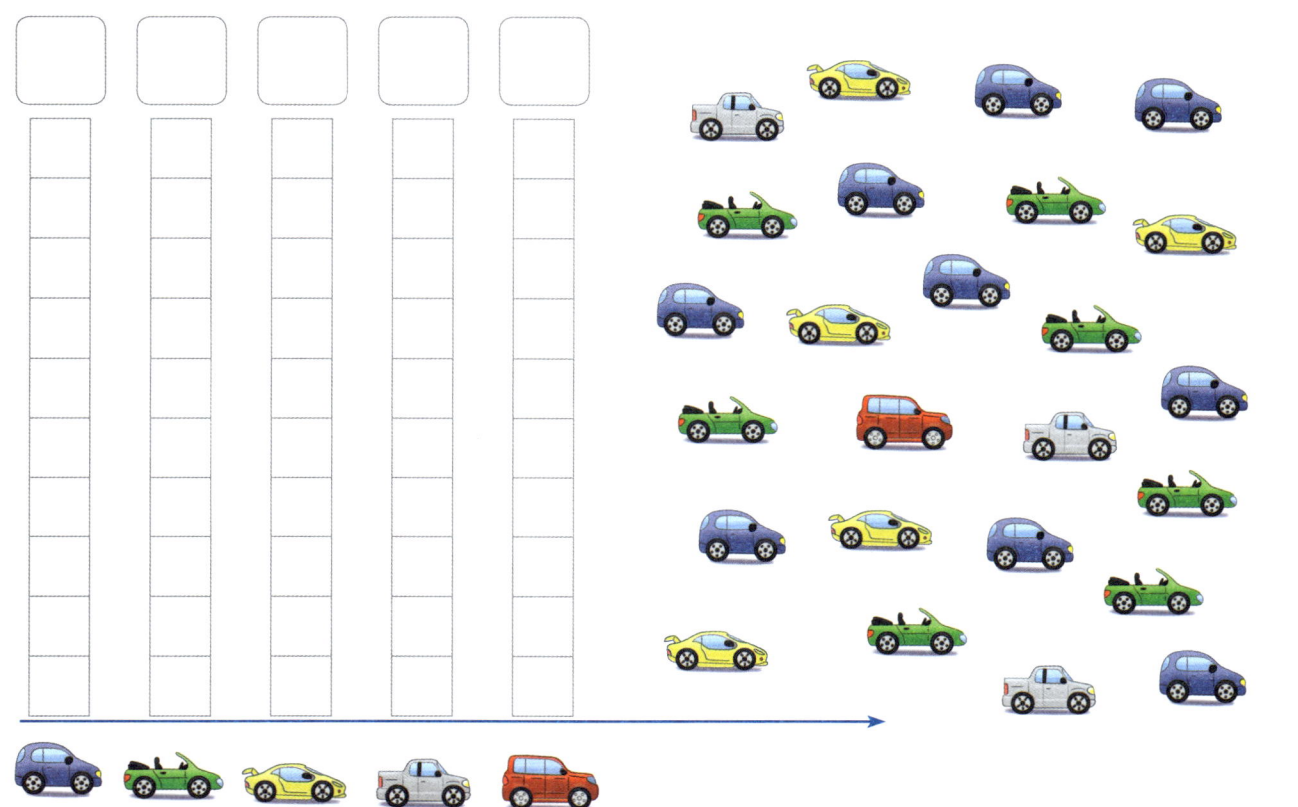

- AGORA, OBSERVE A SEQUÊNCIA FORMADA PELOS NÚMEROS NA ORDEM EM QUE APARECEM. QUAL É A REGRA DE FORMAÇÃO?

_____

4 DESCUBRA A REGRA DO SALTO DO COELHINHO EM CADA UM DOS CASOS E INDIQUE O LOCAL DOS PRÓXIMOS SALTOS NA RETA. DEPOIS, COMPLETE COM OS NÚMEROS QUE FALTAM.

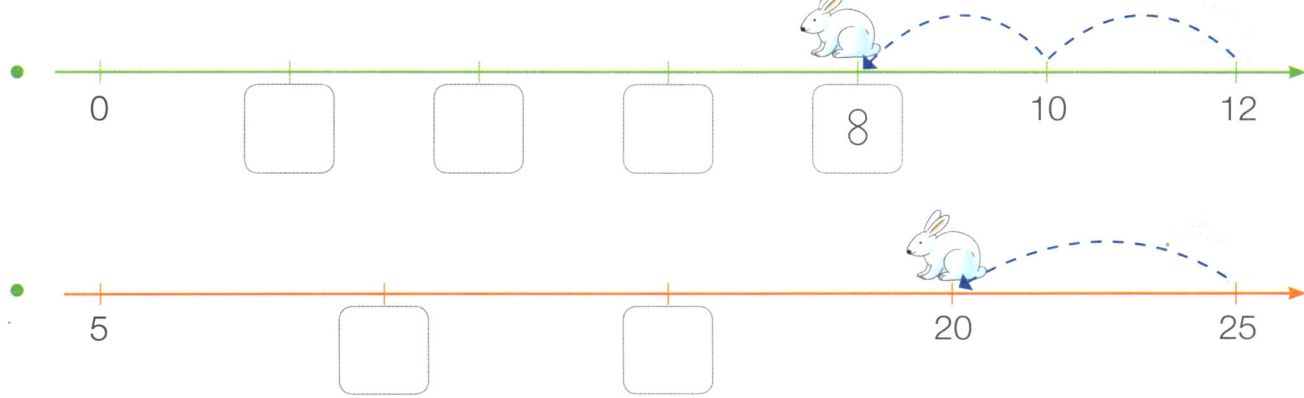

ILUSTRAÇÕES: EDSON FARIAS

O QUE VOCÊ APRENDEU

1 OBSERVE OS COLEGAS QUE ESTÃO SENTADOS PERTO DE VOCÊ NA SALA DE AULA.

- QUEM ESTÁ À SUA ESQUERDA?

- QUEM ESTÁ NA SUA FRENTE?

- QUEM ESTÁ ATRÁS DE VOCÊ?

- QUEM ESTÁ À SUA DIREITA?

2 EM CADA QUADRO, PINTE O RECIPIENTE EM QUE CABE MAIS LÍQUIDO.

QUADRO 1

QUADRO 2

- EM QUAL DOS QUADROS ESTÁ O RECIPIENTE DE MAIOR CAPACIDADE?

3 OBSERVE O DESENHO DE FIGURAS GEOMÉTRICAS NÃO PLANAS E CONTORNE AQUELAS EM QUE PODEMOS IDENTIFICAR QUADRADOS.

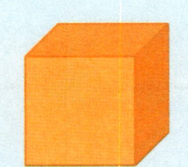    

4 FLÁVIA E CAIO BRINCARAM DE BATER FIGURINHAS. NO INÍCIO DO JOGO, CADA UM DELES TINHA 25 FIGURINHAS. NO FIM DO JOGO, CAIO TINHA PERDIDO 13 FIGURINHAS PARA FLÁVIA. COM QUANTAS FIGURINHAS CAIO FICOU?

ATIVIDADE
CRUZADINHA DA ADIÇÃO E DA SUBTRAÇÃO

CAIO FICOU COM _____ FIGURINHAS.

5 OBSERVE O CALENDÁRIO DA PÁGINA 148 DESTE LIVRO E ESCREVA O NOME DOS MESES EM QUE HÁ 31 DIAS.

_____

_____

6 OBSERVE O QUADRO NUMÉRICO E COMPLETE COM OS NÚMEROS QUE ESTÃO FALTANDO NELE.

60	61	62	63	64	65	66	67	68	69
70			73	74	75			78	79
80			83	84	85			88	89
90	91	92	93	94	95	96	97	98	99

QUEBRA-CUCA

SABENDO QUE O RESULTADO DA ADIÇÃO 47 + 39 É 86, QUAL É O RESULTADO DA ADIÇÃO 39 + 47? ☐